100張圖學會
外匯操作

「聖杯戰法」每年交易三次，新手也可以年賺20％

從開戶到投資策略，全部搞定

目錄

CMONEY 理財寶籌碼講師彼德龍

　　很感謝外匯投資聖杯團隊，讓我有機會為這本《100 張圖學會外匯操作》寫序。雖然我較常投資台股，與分享台股投資操作策略，但外匯操作也不陌生，所以跟外匯投資聖杯團隊有很深的淵源，對其操作理念相當認同。

　　首先，外匯的特色是交易量大且全天候交易，我曾有段時間早上操作台股，晚上轉戰外匯，日子實在是相當精采也累人，不過也多掙了點零用錢。常聽到台股投資人抱怨，台股市場相對淺碟，人為干涉因素實在太多，時常造成操作上的困難，這一點的確不可否認；而外匯是集合全世界資金的市場，即使有人想干預，除非資金夠大，不然也難以撼動，不過當大額資金出手，也代表方向即將產生，趨勢不就是如此嗎？

　　以我同時操作台股與外匯的經驗來看，外匯趨勢相對明確，不易快速反轉，只要別挑選太冷門的幣別，如書中提到的主流貨幣如美元、歐元、英鎊、日圓、澳幣與加幣等，都是新手可選擇的商品。後續依照書中提到的技術操作建議，從初階的均線開始認識，延伸到 MACD、KD，甚至布林通道與趨勢線，讓讀者了解掌握趨勢的重要性，用正確的心態建立部位，看對趨勢規畫加碼，接下來就是做好資金控管。如此一來，你才有機會成為一位賺大賠小、穩定獲利的外匯操作投資人。

操作外匯要做的功課不能少，這本書也幫讀者彙整出必須觀察的幾項重要經濟數據，如各國利率會議、美國非農就業數據及 CPI 等。這些數據公告前，市場震盪相對較大，所以要緊盯手上部位的狀況，隨時快速調整，告訴自己當市場不明確時不要押大注，避開可能大賠的風險；當方向出來時，要勇於進場試單，看錯堅守停損紀律，看對就勇敢加碼，這本書將這些操盤的精華一次傳授。

　　看到這，你是不是對外匯市場躍躍欲試呢？先別急，書中也提到，當你想踏入外匯市場時，第一步要認識投資管道，所以先找到安全且適合自己的經紀商，去建立自己的帳戶吧。最後我推薦書中讓我最有共鳴的一句話：「放下勝率、追求正期望值」，來勉勵每一位投資人。投資一定有風險，操作不能一味追求高勝率，否則容易陷入賺小賠大的漩渦中，讓你難以逃脫虧損的困境。也歡迎讀者到我的粉絲團一起交流投資心得。https://www.facebook.com/peterlung888/

寶來證券營業員
國泰期貨法人組專員
大眾證券營業台主管
群益金鼎證券營業台主管
CMoney 籌碼專任講師
華南永昌證券數位券商經理人

千億集團基金操盤人－產業隊長張捷

在金融市場裡，腦袋的深度，決定你口袋的深度，外匯市場與股市皆然。資訊的領先重要性不言可喻，知道與不知道，先知道與晚知道，一知半解與全然了解，會造成投資差之千里的結果。散戶之所以常常淪為任人宰割的魚肉，就是因為資訊的落差。任意追逐市場小道消息，聽信明牌，缺乏正確的投資觀念，自然很難在投資市場長期獲利。

有人說，股市是經濟的櫥窗，而產業隊長認為，外匯則是國際資金流向的風向。昨夜川普說了什麼話、推特發了什麼文？道瓊指數、費城半導體、那斯達克、美元指數漲還跌？石油、黃金、日圓走勢如何？這些都是專業投資經理人與專業投資人每天早上必須關心的事情，外匯市場是國際資金流向的第一手資訊，能幫助你判斷國際資金的流向；而解讀資金的流向，更能幫助你理解政經局勢的變化。

就以國人最關注的美元、美元指數來說，你曾經花思了解嗎？美元指數是由美元對六個主要國際貨幣（歐元、日圓、英鎊、加幣、瑞典克朗、和瑞士法郎）的匯率，經過加權幾何平均數計算而得，而其中歐元跟日圓占比分占第一與第二。不懂外匯的人，只能看新聞買賣外幣，不僅出國當冤大頭，更讓你永遠只是外匯門外漢。藉由本書，你將擁有外匯市場的國際視野與基本認知，更拿到了外匯交易的敲門磚。另一方面，外匯市場波動劇烈，24 小時全天候交易，若沒有專業知識與投資紀律，貿然投入，很容易滿身傷痕。

外匯投資總給人一種深不可測的感覺，但「聖杯戰法」由淺入深，從市場介紹、基本常識、投資方法，到基本面與技術面的解析，深入到交易層面的資金控管與交易策略，最後還帶入案例分享。工欲善其事，必先利其器，近年來隨著貿易戰與保護主義興起，政治經濟的詭譎多變，學習外匯知識，不僅可以豐富國際視野，更能順便獲利。當國際外匯市場風起雲湧之時，藉由此書的幫助，投資人必能賺得盆滿缽滿，產業隊長敬祝大家都能藉由「聖杯戰法」投資順利。

曾經擔任集團基金操盤人、證券公司研究員、基金經理人，實地走訪百家企業，擅長用第一手消息資訊解析最新產業動態、掌握主流產業的脈動。

中華經濟研究院綠色經濟研究中心
副研究員劉哲良博士

　　與我年紀相仿的這一代，經歷台灣經濟由快速成長後，逐漸轉向發展趨緩的過程。曾經見證過整個社會充滿活力、欣欣向榮的光景；卻也感受過因世界經濟環境變化，對台灣成長帶來的衝擊。在這個變遷過程之中，平均收入成長停滯，成為台灣一般民眾面對的常態，若只依靠固定的工資收入及退休金制度，想要擁有安穩無虞的生活，也將是一種挑戰。這也使得「聰明理財」這個課題，逐漸變成現代人的必修課。

學習理財，選對工具才會事半功倍

　　目前市面上的理財工具眾多，背後所依循的基礎概念及技術根據也有所不同，常令人有不得其門而入之感。也因此，雖說越來越多人體認到理財的重要性，但如何選擇適合自己的工具及策略，也成為一個重要挑戰。

　　就我個人的經驗來說，參加一個由經驗豐富講師所開設的課程，會有很大的幫助，透過這些有實際經驗者的分享，可以讓我們快速吸收有助益的資訊，減少理財過程中的失誤。只是，對於生活繁忙的現代人來說，要抽出時間好好參與一門課程並不容易。那麼，一本好的工具書，將是有效的替代方案。

一套內功及招式兼具的武功

　　《100 圖學會外匯操作》，即是一本適合利用零散時間自學外匯操作的工具書。除了簡要介紹外匯操作所需的知識，更進一步將這些元素組合為幾個簡單易懂的操作策略，並且透過一些案例說明，讓讀者一次學到外匯理財操作的基本內功及招式。此外，配合圖形說明，大幅降低全書的閱讀門檻，讓學習更有效率。

建立屬於自己的理財工具箱

　　當然，除了外匯之外，尚有其他理財工具可以選擇，若僅依賴單一的工具，並非是好的規劃。重點在於，逐步透過學習，並建立適合自己的理財工具箱，才能適當分散風險，並保持應對市場變化的彈性。

　　而在這個工具箱中，由於外匯已是一個成熟的投資市場，也因此，對於有心想了解或學習外匯投資操作，以擴充理財工具箱者，這本書可以是你書架上的一個好選擇。

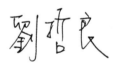

綠點財務建築學苑 首席財務建築師顏菁羚

在我擔任股市營業員期間，一個客戶因為把錢交給不肖的外匯投資業者代為投資，一個月賠光 300 萬，我對於這樣的金融商品，就有了極差的印象，甚至覺得這東西是詐騙，碰不得。

在前幾年外匯非常流行，我在網路上看到好多年輕人，標榜自己透過外匯賺了大錢、開跑車、住豪宅，好像有了外匯這輩子就無憂無慮一樣。接著就出現各種外匯詐騙的新聞，許多人因此血本無歸，我這個正規金融行業出身的人，更加深了外匯這東西絕對不能碰的信念。

我一直認為外匯是國家政府、機構法人在玩的遊戲，普通人要透過外匯投資賺錢，是不容易的，而且容易遇到心術不正的平台，所以我絕對不建議我的客戶投資外匯。

直到我開始在網路上做理財的自媒體，發現很多人對外匯投資有需求，而且人數大過我的想像。我認為，既然避免不了，那就好好了解這個投資商品吧，順便釐清很多人對外匯的迷思及錯誤的投資觀念。

這時候聖杯團隊出現了，創辦人 Melvin 不但是我的國中同學，也是我在寶來證券工作時期的同事。從小成績非常優秀的他，對於各種金融商品都有深厚的興趣研究，他對外匯有深入的了解及操作心法，並且將這整套知識都傳承給他的兩位夥伴，Richie 及 Stanley。

我深入了解這兩位的教學模式，他們不是那種要學員到某平台開戶下單，背後再抽佣金，也確認他們為人正派不浮誇之後，我開始邀請他們到我的平台上來分享他們的操作模式。

最令人驚訝的是，我一直以為外匯要短進短出，天天都要貼在盤面上，才有可能賺錢，但聖杯團隊用的是波段操作，並且有一套完整的 SOP，減少操作次數，做到大賺小賠的正期望值。這跟我擔任營業員時看到的贏家操作模式一模一樣，真正在市場上賺錢的人都非常的低調，且非常有紀律，天天看盤並不代表要天天下單。

因為我們都認為，投資只是人生的一部分，應該在找到賺錢模式的聖杯之後，花更多時間做自己熱愛的事，陪伴孩子與家人，才是人生的真諦。

這本書非常適合所有對外匯投資操作有興趣的人，從最基本的外匯市場環境介紹、基礎知識，到進階的交易策略及心法。即使不能讓你短線賺大錢，但可以讓你立於不敗之地，好好地活在市場上賺不停。

祝你成功。

華人線上投資理財學苑創辦人

　　從第一份金融業工作在寶來證券擔任證券營業員至今，轉眼也已經十幾個年頭。經歷 2008 年的次級房貸風暴，號子裡的電視牆一片慘綠，很多金融商品價格剩下不到高點的 10％，也見證過台股史上最長的萬點行情。金融市場牛熊循環，生生不息，唯一不變的真理是——只見新人笑，不見舊人哭。大部分的投資人，懷抱著對金融市場的夢想，希望從中賺取報酬，甚至達到財富自由。然而，殘酷的事實卻是：能真正挺過一個完整的多空循環，還能在金融市場屹立不搖，甚至賺到理想中利潤的投資人，少之又少。

　　為何結果會是如此？就我在金融市場十幾年的觀察，關鍵來自於三點：

1. 資訊落差：一般投資人不論是在消息面的掌握度，或對於公司企業的財報資訊，又或是金融商品的專業知識上，距離專業的法人機構差得太遠。這造成了起跑點的嚴重落差，金融市場是一個真金白銀搏殺的殘酷競技場，一般的投資人就像拿著菜刀，去面對專業法人的飛彈大砲。

2. 缺乏紀律：投資，就像作戰。何時該進攻，何時該撤退，都需要縝密的計畫。有時，要先派斥候探路，偵察敵情；有時，要當機立斷撤軍，逃離戰場。但很多人並沒有這種嚴謹的作戰策略，只依靠小道消息或直覺操盤，很難達到長期的「正期望值」。

3. 心魔考驗：你說投資人不用功嗎？我看過非常多的投資人，其實是非常認真的，花了很多時間研究財報、上課、學習各種技術分析……；然而，最後卻敗在心態上。當你手中持有部位，身處上上下下的盤勢時，很容易迷失了方向。巴菲特的理論大家都學過，但真正能堅持的又有多少？追漲殺跌、攤平凹單、賺小賠大、毫無章法，都因心魔的考驗。

在操盤室的歷練，逐漸發現，要成為長期的投資贏家，靠的不是只有消息面、基本面、籌碼面或技術面的研究。真正的關鍵，是找到一個公平的市場，嚴守紀律，克服心魔，打造一個屬於自己的「正期望值系統」。舉例來說，台灣股市並不是一個公平的戰場：交易時間的限制，又缺乏有效的避險工具，整體胃納量太淺碟，短線消息影響大，且容易被少數主力操控。比起來，外匯市場就公平多了：市場量體超大、24 小時皆可交易，大部分重要的消息、數據公布，都有固定時間可以依循。

這麼多年操盤經驗，我研究出一套簡單易學、人人可以上手的「聖杯心法」。過去教學時，我常說重點不在價位，而是在部位。當你手上持有部位的時候，若沒有一套嚴謹的心法，很容易迷失在茫茫大海中。這套心法就是教你如何在舒服的點，建立部位；如何在關鍵時刻，勇於全軍總攻擴大戰果；如何在該撤退的時刻，毫不留戀停損停利？

「善戰者，先為不可勝，以待敵之可勝。勝兵先勝而後求戰，敗兵先戰而後求勝。」其實，勝敗一開始就決定了。很高興能跟聖杯團隊的夥伴，Stanley 和 Richie，一同完成這本書，將正確的投資心法傳遞出去。冀望大家都能利用這本書，打造出專屬於自己的「正期望值系統」。

第一章

外匯市場簡介

全世界最大的交易市場

現代人每天朝九晚五，認真上班、努力賺錢，希望擁有一個美好的生活。身在資本主義的社會，「賺錢」已成了一種天經地義的行為，就像肚子餓了需要吃東西一般地自然。

金錢，這個充滿神奇魔力的東西，它可能是你手上的大鈔，也可能是你口袋的零錢，又或者是你銀行存簿裡面的數字。它幾乎可以買到任何你想要的東西——當然要合法、並且有人願意出售。

除了拿來買東西這個功能，在投資市場當中，「金錢」本身甚至是一種投資標的，只要在適當的時機點買入或是賣出，投資人就有可能從中獲得利潤。這個投資市場是全球性的，稱之為「外匯市場」，裡面交易的商品當然也是全球性的，就是「各國貨幣」。

▍最公平！人人皆可參與，交易量超大

現代的外匯市場起源於 20 世紀 70 年代，由於全世界任何國家、任何人皆可參與，它擁有最好的流動性，以及最大的交易量。根據國際清算銀行（BIS）最近一份的全球外匯市場調查報告顯示，2016 年4 月份全球外匯市場日均交易量約 5.1 兆美元，大約相當於新台幣 150兆元。同一時間點，台股日均交易量約為 800 億元，僅有外匯市場的1 ／ 1875。外匯市場交易量之龐大，可見一斑。

在一個投資市場中，擁有如此龐大的交易量，意味什麼？它代表

圖 1 為外匯市場的日均交易量，在 2016 年 4 月，該數字約為 5.1 兆美元

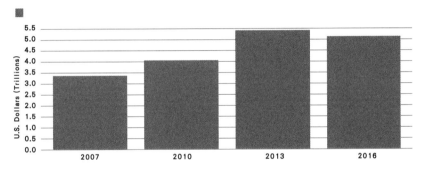

資料來源：Bloomberg

著更大的公平性、更少的主力作手操控性。因此在外匯市場中，幾乎不可能出現台股市場中主力對散戶「養、套、殺」的劇情，也不可能出現某些公司經理人私下聯合，哄抬某檔股票價格的不公平情事。

外匯市場被公認為是現代投資市場中，最接近「完全競爭」的市場，幾乎沒有另一個市場，擁有與之相同的投資環境。

▎難操控！連英國央行都敗給索羅斯

這樣的特性，在 20 世紀末一次著名的外匯交易大事件「索羅斯英鎊狙擊戰」中，就已經被完美地體現過了。

1992 年，美國知名對沖基金經理人、素有金融大鱷之稱的喬治·索羅斯（George Soros），認為英鎊的價值被高估了，因此決定狙擊放空英鎊。而英國央行則是全力捍衛英鎊匯率，除了投入價值約 269 億美元的外匯存底，更從國際銀行組織借入額外的資金，用來對抗索羅斯和全世界的空方賣家。但英國央行的資產在這場貨幣戰爭中猶如杯水車薪，自 1992 年 9 月後，英鎊對德國馬克由 2.95 貶至 2.778 以下，對美元則由 1.9880 貶至 1.4245。索羅斯在這場戰役中，獲利約 10 億美元，他的基金在當年更是增長了 67.5%。

連一國央行都無法完全地操控自己國家貨幣的匯率，相信在外匯市場中，幾乎不可能有所謂的「主力」存在吧。

圖2 英鎊在 1992 年英鎊狙擊戰中的走勢，短短 4 個月，英鎊兌
美元從 1.98 暴跌至 1.42。

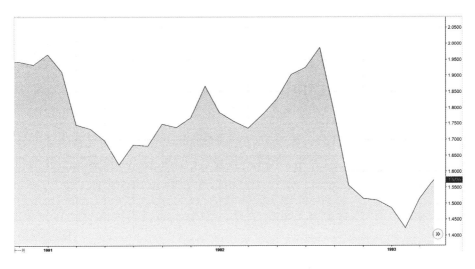

資料來源：Investing.com

24 小時皆可交易，不影響上班

外匯市場的一個重要特色，就跟便利商店一樣，是 24 小時皆可交易。只要在上班時間內（一般為周一到周五），無論是想要買進做多，或是賣出放空，都可以隨時進行交易。

如果你有在台灣交易過股票的經驗，看到這裡，你應該會「哇」的一聲大喊：「好棒、好彈性的交易時間啊！」

彈性打造自己的交易計畫排程

沒錯，在台灣，由於股票的交易時間受到財政部的規定，為周一到周五的 09:00 ～ 13:30，僅有短短的 4 個半小時，偏偏這又是大部分上班族的工作時間。於是，殷殷期盼想要買進某檔飆股的投資族，只好一邊工作，一邊偷偷用手機下單。如果下單完馬上成交，算是萬幸；如果遲遲無法成交，股票價格又一路上漲，當天上班絕對完全心不在焉，腦中想的只剩下「到底要不要追價成交」這個念頭……

外匯市場的全天候交易完全解決了這個問題，除了不用上班偷偷摸摸下單之外，更能自行安排下單時間，打造專屬於自己的交易計畫排程。無論你是學生、上班族、專業家庭主婦，或是夜班警衛，都能按照自己的生活作息，找到最適合自己的下單時段。

圖1 歐元 2019/6/3（一）～ 2019/6/7（五）的 60 分線走勢圖，可以看出外匯市場不曾休息，24 小時皆可交易。

資料來源：MT4 交易軟體

▎留意報價系統的時間顯示

前面有提到，外匯市場是全世界最大的交易市場，但特別的是，外匯市場沒有一個集中交易市場，貨幣的報價大多是由銀行、經紀商，或是期貨商等機構各自提供。因此在實務交易上，報價軟體在線圖上所顯示的時間，通常是該報價軟體系統商的當地時間，並不是台灣的時間。交易新手常常會對這點感到困惑與混淆，因此我們用一個例子，教大家如何判斷系統商的當地時間。

以右頁的圖 2 為例，可以看到歐元 H1 線圖在最新一根 K 棒的時間為 2019.04.17 13:00，而筆者在擷取這張圖片當時的台灣時間為 2019.04.17 20:00，由此可知，該報價經紀商的當地時間較台灣早了 7 個小時，因此當地時間為 GMT+1（台北的格林威治標準時間為 +8 小時，即 GMT+8）

另外再把夏令時間（在夏季月份犧牲正常的日出時間，而將時間調快的做法）的因素考慮進去，那麼該報價經紀商的所在地也就呼之欲出了。沒錯，筆者採用的經紀商就坐落在英國，聰明的讀者有猜到了嗎？

圖2 EUR/USD 歐元現貨 H1 報價線圖

注意看圖片右側最後一根 K 棒下方處，有該 K 棒的報價時間，與我們的所在地時間比對，就可以判斷與報價單位的時差囉。

資料來源：MT4 交易軟體

多空皆可操作

外匯市場的另一個重要特色，就是多方、空方都可操作。可買進等待上漲，也可賣出等待下跌，只要做對方向，都有獲利的機會。但這裡要先補充說明，放空賣出的操作，僅限外匯期貨或是外匯保證金這些非現貨交易市場，一般的外匯現貨交易市場（註一），不存在放空這個操作選項。

同樣的，再以股票交易來作為對照。在股票市場中，我們最熟悉的操作方式就是看好某檔股票，買進持有等待上漲，等到股價上漲到一定程度，再賣出獲利了結，賺取差價。流程示意大概是這樣子的：

選擇有潛力上漲的股票→買進並持有→等待股價上漲→賣出獲利了結。

▌股票放空限制多，外匯市場則無

這樣的操作在市場行情好的時候，完全沒有問題，但是如果市場行情不好，大部分股票都在下跌的時候，還有辦法能夠從中獲利嗎？萬一遇到景氣寒冬，空頭市場維持很長一段時間，又該怎麼辦呢？

其實還是可以獲利，股票市場可以用融券的方式進行放空操作，只是政府對於融券限制相當嚴格，因此，股票市場投資還是以買進持有的操作方式為主流。相較之下，外匯市場對於做多或是做空，並沒有限制，因此多空兩個方向皆可操作，相當自由。

圖1 外匯市場無論上漲或是下跌皆可進場操作，無論多空皆有機會獲利（圖為歐元現貨 2017 年至 2019 年 6 月的日線圖）

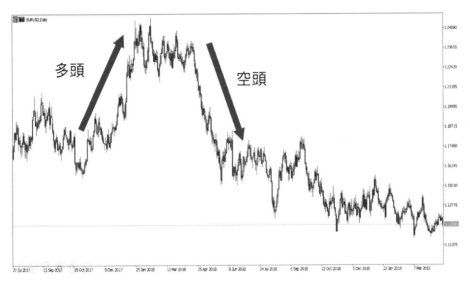

資料來源：MT4 交易軟體

▌政府干預少，適合採取波段操作

外匯市場相較於股票市場的另一個好處，就是比較少的政府干預。大家都知道，政府對於股票市場的漲跌相當敏感（這關乎民眾對政府的好感度），除了對放空有諸多限制，在行情不好的時候，更會發動銀彈攻勢進場護盤。這樣不均衡的對待造成股票市場另一個奇怪的特性：上漲很慢，但下跌時跌得又深又快。

外匯市場則不存在這樣的問題，政府比較不會主動干預國內的匯率走勢。因此除了漲跌互見之外，漲跌的走勢相較於股票來說，通常也可以走得較遠較久，因此更適合採用波段操作。

我們可以從圖 2 中發現，歐元自 1981 年以來，就曾經走出過許多不小的波段行情走勢，千點行情出現約 6 次，2.000 點行情出現約 11 次，3,000 點行情出現約 8 次，4,000 點行情出現約 2 次，5,000 點行情出現過 1 次。

而每次波段行情的出現，都是前往外匯市場掏金的最好時機，如果讀者也和我們一樣喜愛外匯投資，那麼未來絕對不能錯過這些讓財富大幅增長的絕佳機會。

註一：外匯現貨指的是紙鈔或硬幣這些「法定貨幣」，在銀行買進或賣出某種貨幣，就稱為「外匯現貨交易」。

圖2 外匯市場通常漲跌互見，而且比較容易出現較長的波段走勢
（圖為歐元現貨 1981 年以來的周線圖）

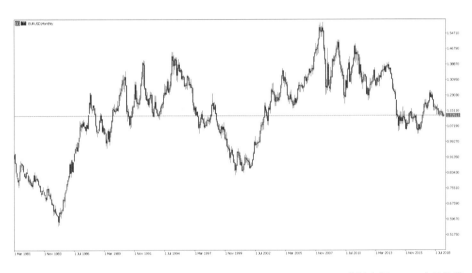

資料來源：MT4 交易軟體

第二章

基礎知識

看懂貨幣報價

　　如果你有到銀行換外幣的經驗，一定會在銀行的牌告匯率告示板上看到美元、歐元、日圓、人民幣等與新台幣的兌換匯率。以筆者在2019 年 4 月 18 日於台灣銀行官網上查到的匯率為例，美元（USD）為 31.11、日圓（JPY）為 0.2794（見圖 1）。

　　這裡的美元匯率要看的是現金匯率即「本行賣出」的部分，意思就是台灣銀行願意用 1 美元換 31.11 新台幣這個兌換比率，賣美元給我們。同理，銀行願意用 1 日圓換 0.2794 新台幣這個比率，把日圓賣給我們。算術好的讀者看到這裡應該已經發現了，美元比新台幣要「大」，1 美元可以換到約新台幣 31 元；日圓則比新台幣「小」，約 3.5日圓才能換到新台幣 1 元。

▍外匯報價以美元為兌換比例基準

　　然而在國際外匯市場中，其實是有一套標準的報價方式的，而且各國貨幣的兌換比例相對基準都是美元，因為現行的國際貨幣體系採行「美元本位制」。

圖1 台灣銀行官網的外匯報價

🖵 牌價最新掛牌時間：2019/04/18 16:01

幣別	現金匯率		即期匯率		遠期匯率	歷史匯率
	本行買入	本行賣出	本行買入	本行賣出		
美金 (USD)	30.42	31.11	30.79	30.89	查詢	查詢
港幣 (HKD)	3.765	3.981	3.901	3.961	查詢	查詢
英鎊 (GBP)	38.96	41.08	39.96	40.38	查詢	查詢
澳幣 (AUD)	21.71	22.49	21.98	22.21	查詢	查詢
加拿大幣 (CAD)	22.57	23.48	22.96	23.18	查詢	查詢
新加坡幣 (SGD)	22.19	23.1	22.68	22.86	查詢	查詢
瑞士法郎 (CHF)	29.71	30.91	30.37	30.66	查詢	查詢
日圓 (JPY)	0.2666	0.2794	0.2739	0.2779	查詢	查詢
南非幣 (ZAR)	-	-	2.15	2.23	查詢	查詢
瑞典幣 (SEK)	2.92	3.44	3.26	3.36	查詢	查詢
紐元 (NZD)	20.21	21.06	20.59	20.79	查詢	查詢
泰幣 (THB)	0.8451	1.0331	0.9537	0.9937	查詢	查詢
菲國比索 (PHP)	0.5226	0.6556	-	-	查詢	查詢
印尼幣 (IDR)	0.00188	0.00258	-	-	查詢	查詢
歐元 (EUR)	33.9	35.24	34.52	34.92	查詢	查詢
韓元 (KRW)	0.02538	0.02928	-	-	查詢	查詢
越南盾 (VND)	0.00096	0.00146	-	-	查詢	查詢
馬來幣 (MYR)	6.343	7.973	-	-	查詢	查詢
人民幣 (CNY)	4.506	4.668	4.578	4.628	查詢	查詢

我們可以發現，為了換匯方便，本國銀行報價方式都是用國外貨幣兌新台幣的比率方式來顯示，例如 1 美元兌新台幣 31.11 元、1 港幣兌新台幣 3.981 元。

資料來源：台灣銀行

例如歐元兌美元、英鎊兌美元、美元兌日圓等，英文符號則簡寫為 EUR ／ USD（俗稱歐美兌）、GBP ／ USD（鎊美兌）、USD ／ JPY（美日兌），同樣以 2019 年 4 月 18 日在瑞士銀行官網查到的匯率為例（見圖 2）：

EUR ／ USD 為 1.1255，意思就是一歐元可以換到 1.1255 美元，歐元比美元還要大。

USD ／ JPY 為 111.916，意思就是一美元可以換到 111.916 日圓，美元比日圓還要大。

國際外匯的標準報價方式就是這麼簡單，大家都看懂了嗎？除了 EUR（歐元）、GBP（英鎊）、JPY（日圓），其他比較重要的貨幣我們還會在後面的章節另行介紹。

▎搞懂直接報價與間接報價

另外眼尖的讀者應該會發現：有的貨幣報價把美元放在前面，有的則是放在後面。把美元放在前面的報價方式稱為「間接報價法」，包含新台幣在內，全世界幾乎所有的貨幣都是用這樣的報價方式。把美元放在後面的報價方式則被稱為「直接報價法」，只有歐元、英鎊、澳幣、紐幣這四種貨幣採用。不同的報價方式會影響我們在外匯線圖上面的判讀，這點我們一樣會在後面的章節做詳細介紹，讀者們可以先練習看懂國際外匯的標準報價方式喔。

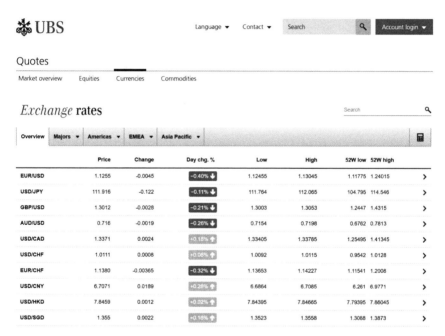

圖2 國際外匯市場報價

若以瑞士銀行（UBS）的官網外匯報價來看，告示板上就是採標準的國際外匯報價格式。

資料來源：瑞士銀行

Unit 5　認識主流貨幣：美元

若我們隨機在路上找人來問：當今世界上的金融霸主為誰？可能會聽到許多不同的答案；但若換個問題，當今世界上流通最廣的貨幣是哪個？相信聽到的回答會相當的一致，那就是美元（US Dollar）。

不管我們去哪個國家旅行，付錢的時候，除了用該國貨幣支付，商家通常也接受美元。有些觀光業比較發達的城市，商品上甚至會額外標示美元價格。

為什麼美元的流通性那麼廣，幾乎為全世界國家所接受呢？

▌二戰後，決定美元為共通流通貨幣

這要回顧過去的金融歷史：1944 年，當時全世界的主要國家受到第二次世界大戰的影響，基礎建設毀壞、金融秩序崩潰。為了加強國際經濟合作、重建國際貨幣秩序，當年 7 月，有 44 個國家的代表在美國新罕布希爾州的布列敦森林（Bretton Woods）舉行聯合貨幣金融會議。會議後，與會國同意日後皆採用美元作為共通的流通貨幣，且日後可以拿美元向美國兌換等值的黃金，這樣的貨幣體系稱為「布列敦森林體系」。

然而在 1960 ～ 70 年代，美國爆發了數次的美元危機，國際金融市場開始不信任美元的價值，於是紛紛拋售美元以購入黃金。最終在1971 年，美國尼克森總統時代，聯準會開始拒絕向國外央行出售黃金，

圖1 1970 年至 1974 年黃金兌美元價格走勢圖

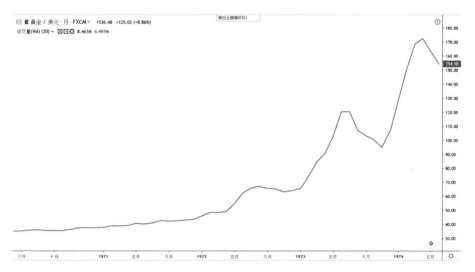

當年由於國際金融市場紛紛拋售美元購入黃金，導致黃金價格出現一波飆漲，由一盎司 35 元開始，最高曾上漲超過一盎司 170 元。

資料來源：Trading View

等同美國片面取消美元兌黃金的固定匯率，布列敦森林體系於 1973 年宣告結束。

美元卻從此成了全世界的流通貨幣，因此請大家務必要知道，美元是外匯市場中影響力最大的貨幣。作為全世界貨幣的兌換基準，美元的漲跌也會直接影響其他各國貨幣的價值。

▎聯準會政策，將大大影響外匯市場

美國的中央銀行為聯邦準備理事會（Federal Reserve System），英文簡稱 FED，中文簡稱聯準會。是由位於華盛頓特區的中央管理委員會，及全美國 12 家主要城市的地區性聯邦銀行所組成，現任聯準會主席為鮑威爾（Jerome Powell）。

在交易實務上，聯準會的政策對美元走勢有相當大的影響，因此每次的利率會議和後續的會議內容，務必要格外關注。2019 下半年的美國利率會議時間分別是在 8 ／ 1、9 ／ 19、10 ／ 31、12 ／ 12 這幾天的台灣時間凌晨，夏令時間為 2 點，冬令時間為 3 點。如果想知道美國利率會議的時間，建議可以上一些有提供外匯財經日曆的網站查詢（後面的章節我們會再做介紹），或者可加入聖杯團隊的 Line，提前獲得財經數據的時間排程喔。

表1　2019 年聯準會利率會議與會議紀要預定時間表

2019 年美聯儲利率會議與會議紀要時間

時間	利率決議	新聞發布會	會議紀要
1月31日	v	v	2月21日
3月21日	v	v	4月11日
5月2日	v	v	5月23日
6月20日	v	v	7月11日
8月1日	v	v	8月22日
9月19日	v	v	10月10日
10月31日	v	v	11月21日
12月12日	v	v	1月2日

資料來源：https://www.fxstreet.hk/economic-calendar

資料整理：外匯投資聖杯團隊

Unit 6 認識主流貨幣：歐元、英鎊

　　歐元（EUR）是歐盟中 19 個國家的貨幣，貨幣符號為€，目前有超過 3 億人使用。這 19 個國家分別為德國、法國、希臘、比利時、奧地利、芬蘭、義大利、愛爾蘭、盧森堡、荷蘭、葡萄牙、西班牙、斯洛維尼亞、馬爾他、賽浦勒斯、斯洛伐克、立陶宛、愛沙尼亞、拉脫維亞，合稱為「歐元區」。

▌歐元：受干預程度低，但要留意 ECB 總裁談話

　　歐元是現今世界上交易量第二大的貨幣，僅次於美元。也因為交易量巨大的關係，歐元走勢在非美貨幣（指美元以外可自由兌換的其他外幣）中算是相對穩健的。如同股票市場裡的大型股一樣，歐元也常常會帶動歐系貨幣和其他非美貨幣的走勢，扮演領頭羊的角色。新手入市，建議可以歐元為主要操作貨幣。

　　不同於美國政府對貨幣的干預極強，歐元區由於政治結構相對分散，利益分歧與政策異議較多，故歐盟對歐元匯率的影響力不如美國強大。在實務操作上，建議可以多關注歐洲中央銀行（European Central Bank，ECB）的政策動態，同時也要多留意歐洲央行總裁馬里奧·德拉吉（Mario Draghi）的發言內容。在筆者過去幾年的交易經驗中，就曾遇過數次德拉吉的談話，造成歐元盤勢在短時間內大幅震盪，甚至更曾出現過一波 4~5 百點的超巨大行情。

圖1 歐元區地圖，其中藍色區塊國家為歐元區

資料來源：Dreamstime

英鎊：受脫歐因素干擾，待明朗後進場

英鎊（GBP）是英國的法定貨幣，貨幣符號為 £，主要由英國央行發行，目前是世界上交易量第四大的貨幣。在 19 世紀，大英帝國曾為世界霸主（當時英國驕傲地自稱日不落帝國），英鎊也理所當然成了世界貨幣。時至今日，英鎊依然是較值錢的貨幣，兌美元的匯率相當高。

過去，英國身為歐盟重要的一員，與歐元區的經濟、政治皆密切相關，歐盟方面的經濟政治變動，對英鎊的影響相當大，然而在 2016 年 6 月 23 日的脫歐公投後，英國人民已通過投票決定脫離歐元區。自此之後，英鎊的走勢變得相當劇烈，非常容易受到脫歐進度相關的新聞影響。且在截稿日前，英國仍然處於脫歐協商進度中，尚未與歐元區完全切割。

因此在實務交易上，筆者要提醒大家，如果要投資英鎊這個貨幣，務必要多關注英國的脫歐進度狀況，即便未來結局明朗，一切塵埃落定，也依然要留意後續歐元區與英國彼此的相互協議與政經關係。

表1 歐元與英鎊特性比較表

	歐元 (EUR)	英鎊 (GBP)
使用國	歐元區 19 國	英國
歷史	1999 年以來	1694 年以來
發行銀行	歐洲央行 (ECB)	英格蘭銀行
全球外匯市場日交易量占比 (1)	31.27%	12.78%
市場特性	由於歐元交易量極大,因此走勢較穩健,類似股票市場中的權值股,適合新手作為入市操作標的。	英鎊走勢相當活潑,近期內更是容易受到脫歐新聞影響,而產生巨大波動,新手入市務必做好風險控管。

(1) 總占比合計為 200%

資料來源:countries-ofthe-world.com
資料整理:外匯投資聖杯團隊

認識主流貨幣：日圓、澳幣、加幣

　　日圓（JPY）目前是世界上交易比重第三高的貨幣，僅次於美元和歐元。也因為國人喜好赴日旅遊的關係，絕大部分的台灣人對這個貨幣不會感太陌生。或許你就和我一樣，家裡還放著一些過去旅遊沒有花完的日圓硬幣呢。

▌日圓：操作時，別跟日本央行唱反調

　　近十多年來，由於經濟衰退，日本政府為了維持國家的出口競爭力，所以對於日圓的干預頗強，這點可以從 2012 年底日本政府實施的「安倍三箭」財政政策看得出來。當年，美元兌日圓在 2012 年底的匯率約為 80，接下來在短短的兩年，一路狂升到 122 附近。日圓的貶值之路，用一瀉千里形容絲毫不為過。因此在實務交易上，請務必緊盯日本央行（BOJ）的政策，操作方向則盡量與日本央行的政策方向一致，千萬千萬不要和 BOJ 唱反調了。

▌澳幣：與鐵礦砂價格呈高度正相關

　　澳幣（AUD）是澳洲通貨的基本單位，是目前世界上交易比重第五高的貨幣。

　　澳洲的礦產相當豐富，畜牧業非常發達，是世界 10 大農產品出口國和 6 大礦產出口國之一，素有「騎在羊背上」與「坐在礦車上」的

圖1 2011 ～ 2015 年 美元兌日圓周線圖

資料來源：MT4 交易軟體

國家之稱。在澳洲出產的礦產中，鐵礦砂和煤炭的出口產量，更是分別高達世界第一與第二，其中鐵礦砂甚至占了全球近半的出口貿易量。

在交易實務上，澳幣與鐵礦砂的價格走勢高度正相關，絕大部分時間裡兩者的走勢方向相當一致。因此若要投資澳幣，不妨也同時關注鐵礦砂的價格走勢。

另外澳洲央行在貨幣政策操作上有個特色，就是特別喜歡在政策實施之前，先口頭上對市場放話，主動公布未來的政策方向。因此澳洲央行所舉行的記者會，或是澳洲央行行長的政策發言，都有很高的可參考性，請讀者們可以特別留意。

▎加幣：與原油價格呈高度正相關

加幣（CAD）是加拿大的法定貨幣，是目前世界上交易量第 6 大的貨幣。

加拿大是在已開發國家中少數的能源出口國之一，境內蘊含大量的石油以及天然氣資源。加拿大擁有著全球約 13％的石油儲備，為世界第三大石油儲備國，僅次於委內瑞拉和沙烏地阿拉伯。因此，加幣的走勢和原油價格高度相關，大部分時間裡呈現正相關的走勢。

在交易實務上，除了關注加拿大本身的利率政策與財務政策之外，建議也要多注意原油的走勢，以及原油相關的新聞報導。

圖2 澳幣和鐵礦砂走勢圖

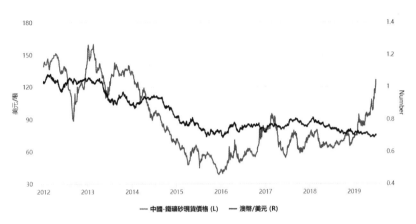

—— 中國-鐵礦砂現貨價格 (L)　　　—— 澳幣/美元 (R)

資料來源：財經 M 平方

圖3 加幣和原油走勢圖

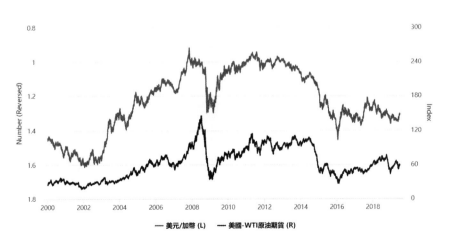

—— 美元/加幣 (L)　　　—— 美國-WTI原油期貨 (R)

資料來源：財經 M 平方

認識美元指數

前面章節提到,在國際的外匯市場中,有一套標準的報價方式,各國貨幣的兌換比率採用的相對基準都是美元,例如歐元兌美元、英鎊兌美元、美元兌日圓等。透過和美元的匯兌比率變化,就能知道各國貨幣目前的強弱,以及該國貨幣究竟是升值還是貶值。美元的出現,讓世界各國的貨幣有了一個相同的比較基準,就像田徑場上的時間紀錄,所有的賽跑選手都可以用抵達終點的「秒數」分出高低。

然而,這樣的設計卻也產生了一個小小的問題:如果想要知道身為兌換基準中心的美元,目前究竟是強是弱、是升或貶,該怎麼辦呢?與其相對的參照基準,又應該要選擇哪一種貨幣呢?

▍用 6 種貨幣組合,觀察美元強弱

為了解決這個問題,國際貨幣市場設計了一個重要的指標——美元指數。

美元指數,又稱美匯指數,是由美元對六個主要國際貨幣(歐元、日圓、英鎊、加幣、瑞典克朗、和瑞士法郎)的匯率經過加權幾何平均數計算而得。白話一點來說,利用這 6 種貨幣對美元的綜合匯兌關係,來觀察美元目前的強弱。而這 6 個貨幣的加權比重分別為:57.6%、13.6%、11.9%、9.1%、4.2%、3.6%,其中歐元比重最高,超過一半的比重。

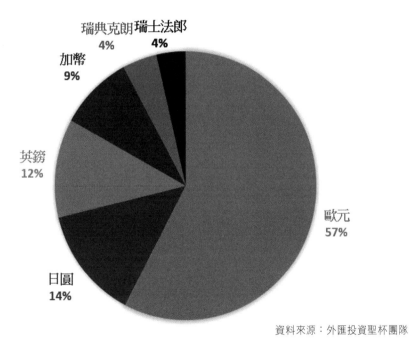

圖1 美元指數百分比圖

資料來源：外匯投資聖杯團隊

美元指數的初始值為 100，選定的參照點是在 1973 年 3 月，原因是當時布列敦森林體系剛剛解體。從那天起，美元指數便有漲有跌，最低曾跌到剩下 70 出頭，最高也曾經漲到 160 附近。

▎美元指數漲，非美貨幣做空為佳

美元指數的數值高低代表國際市場中美元的強弱，也間接反映了美國的出口競爭力以及進口成本的變動情況。當美元指數高，代表美元對其他貨幣升值，因此美國出口貨物售價相對變貴，不利於美國出口；但因美元購買力增加，進口成本下降，反而是有利於進口。

而在實務交易上，建議把美元指數的走勢拿來作為交易方向的參照。假設最近美元指數為漲勢，反映出美元走強，那麼背後可能有一些因素在支撐美元的多頭市場，也許是良好的美國經濟數據，或是聯準會表態支持繼續升息；近期內在交易各大非美貨幣時，則以做空為佳，通常會有事半功倍的成效。反之，若美元指數近期走弱，那麼其他非美貨幣的操作方向，則以做多為佳。

圖2　美元指數的歷史走勢圖（1986 ～ 2019）

資料來源：Trading View

第三章

投資管道

Unit 9 現貨交易

在台灣，如果要投資外匯，有哪些管道可以選擇呢？

早期，由於市場規模較小加上法令限制，外匯交易的管道僅限於銀行，交易方式也僅提供「現貨交易」一項而已。而近年來，隨著市場的成熟與法規的完備，我們有越來越多的管道可以選擇，如銀行、期貨公司、經紀商等。而投資方式也從除了現貨交易，增加了「外匯期貨交易」與「外匯保證金交易」兩項。

以下章節就來介紹三種投資方式，以及相對應的投資管道選擇。

我們手上的錢包含紙鈔、硬幣等，不管面額大小、不論何種貨幣，都可以統稱為現貨。而現貨交易的承做單位只有銀行，交易方式分為臨櫃交易和網路交易兩種。由於近代網路和電腦、手機等電子裝置普及，大多數人都是利用網路交易，會選擇臨櫃交易，大概也只剩下出國的時候了。

▍開外幣戶頭買標的，待價漲賣出

現貨交易的方式相當簡單，首先，要在銀行先開一個外幣戶頭，這個戶頭就是拿來存放非台幣的國外貨幣，因為一般我們在銀行開的戶頭，只能用來存放新台幣而已。接下來，就是開始挑選具有上漲潛力的目標貨幣，並在適當的價格買入並持有，直到某天該貨幣上漲至某價位後，再脫手獲利了結，將手上的外幣換回新台幣。

圖 1　現貨交易：台灣銀行官網新台幣匯率報價圖

▢ 牌價最新掛牌時間：2019/04/18 16:01

幣別	現金匯率		即期匯率		遠期匯率	歷史匯率
	本行買入	本行賣出	本行買入	本行賣出		
美金 (USD)	30.42	31.11	30.79	30.89	查詢	查詢
港幣 (HKD)	3.765	3.981	3.901	3.961	查詢	查詢
英鎊 (GBP)	38.96	41.08	39.96	40.38	查詢，	查詢
澳幣 (AUD)	21.71	22.49	21.98	22.21	查詢	查詢
加拿大幣 (CAD)	22.57	23.48	22.96	23.18	查詢	查詢
新加坡幣 (SGD)	22.19	23.1	22.68	22.86	查詢	查詢
瑞士法郎 (CHF)	29.71	30.91	30.37	30.66	查詢	查詢
日圓 (JPY)	0.2666	0.2794	0.2739	0.2779	查詢	查詢
南非幣 (ZAR)	-	-	2.15	2.23	查詢	查詢
瑞典幣 (SEK)	2.92	3.44	3.26	3.36	查詢	查詢
紐元 (NZD)	20.21	21.06	20.59	20.79	查詢	查詢
泰幣 (THB)	0.8451	1.0331	0.9537	0.9937	查詢	查詢
菲國比索 (PHP)	0.5226	0.6556	-	-	查詢	查詢
印尼幣 (IDR)	0.00188	0.00258	-	-	查詢	查詢
歐元 (EUR)	33.9	35.24	34.52	34.92	查詢	查詢
韓元 (KRW)	0.02538	0.02928	-	-	查詢	查詢
越南盾 (VND)	0.00096	0.00146	-	-	查詢	查詢
馬來幣 (MYR)	6.343	7.973	-	-	查詢	查詢
人民幣 (CNY)	4.506	4.668	4.578	4.628	查詢	查詢

資料來源：台灣銀行牌告匯率

網址：https://rate.bot.com.tw/xrt?Lang=zh-TW

以下用一個簡單的例子說明現貨交易的投資過程：某日，小索預期美元將會上漲，於是在台灣銀行櫃檯以 31.11（註 1）的價格買入了 10,000 美元，共投入了新台幣 311,100 元。經過一年，假設匯率上漲至 32.11，小索選擇獲利了結，將 10,000 美元換回新台幣，便可拿回新台幣 321,100 元。本次交易小索獲利 10,000 元，報酬率約 3.2％。

　　實務上，除了上述的價差利潤，現貨交易還會產生利息。但也要注意，若看錯方向，現貨交易也可能賠錢，外匯交易並不是沒有風險的。

註 1：圖一為例，現金匯率指的是臨櫃交易，即期匯率則代表網路交易。而交易價格則要以銀行的角度來看，買進外幣的成本價要看「本行賣出」這個欄位；未來獲利了結的價格則要看「本行買入」的欄位。

外匯現貨交易示意圖

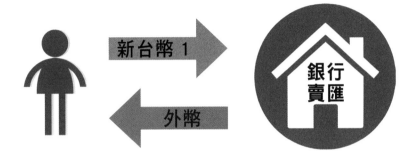

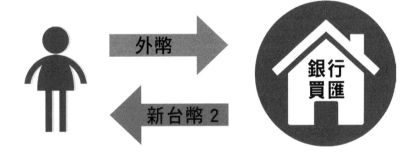

新台幣 1

新台幣 2

期貨交易

外匯投資的另一個方式是「外匯期貨市場」，這是個發展相當成熟的市場，自 1972 年以來，已有多年歷史。

介紹外匯期貨市場之前，必須先了解什麼叫「期貨」，最早的期貨定義其實相當單純，只是一種紙上的契約，通常是由原料供應商和原料購買商共同簽訂的。

▍相較於現貨，期貨多空皆可操作

舉個例子，假設你開了一家豆漿店，叫美義豆漿，美義豆漿的生意很好，每天都可以賣出 1,000 杯以上的豆漿，每個月店裡需要 100 公斤的黃豆原料。某日得到消息，聽說因為全球氣候變遷，黃豆價格可能在近期內飆漲（假設現行價格為 1 公斤 50 元）。為了避免原物料上漲侵蝕利潤，因此你便和上游廠商立了一紙契約，契約內約定下個月 5 日，上游廠商依然會用 1 公斤 50 元的價格，賣給美義豆漿 100 公斤的黃豆。如此一來，就算下個月黃豆真的暴漲，也不會影響採購成本，這樣的契約便是一種「期貨合約」了。

而期貨市場就是拿這樣的合約出來，讓投資人自由交易，若標的物最後價格上漲，則買入期貨的買家會獲利；相反的，若最後標的物價格下跌，則是賣出期貨的賣家獲利。

圖1 期貨是一種由雙方共同簽訂的 "未來買賣合約"

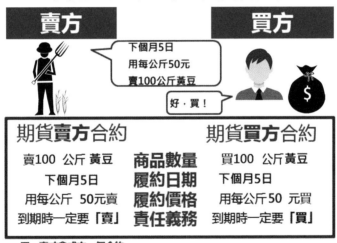

資料來源：外匯投資聖杯團隊

在外匯期貨市場，投資的標的物就是各種貨幣兌（美元），例如歐元期貨（EUR／USD），如果看好未來歐元會上漲，就可以買入歐元期貨；反之，若看衰歐元未來會下跌，則可以賣出歐元期貨。和外匯現貨交易相較，期貨市場更加自由，多空兩種方向，皆可自行操作。

▎投資細節繁瑣，可多詢問期貨商

目前全世界的外匯期貨，採集中市場的交易方式，大部分的外匯期貨都是在美國 CME 芝加哥期貨交易所交易。主要貨幣如歐元、日圓、英鎊、澳幣、加幣等，都是在 CME 期貨交易所裡完成撮合的。如果要在台灣投資外匯期貨市場，要先到國內期貨商開「國外期貨」戶頭，才能進行外匯期貨投資。

然而在實務上，外匯期貨投資比起外匯現貨投資要複雜得多，有相當多的細節需要了解，例如保證金計算、保證金維持比例、期貨合約規格、交易時間、下單軟體操作、手續費等。建議讀者在進入市場之前，務必花時間做好功課，免得一入「期門」深似海、賠了夫人又折兵。不過目前國內的期貨商服務都很好，上述的問題大多都可以得到解答，讀者可多多利用。

圖2 CME 芝加哥期貨交易所 外匯期貨報價圖

Product	Code	Contract		Last	Change	Chart	Open	High	Low	Globex Vol
Euro FX Futures	6EU9	SEP 2019	OPT	1.10945	-0.0001	📊	1.1094	1.1100	1.10925	8,776
Japanese Yen Futures	6JU9	SEP 2019	OPT	0.009454	+0.000010	📊	0.0094435	0.009459	0.009433	18,510
British Pound Futures	6BU9	SEP 2019	OPT	1.2212	-0.0017	📊	1.2226	1.2230	1.2207	7,015
Australian Dollar Futures	6AU9	SEP 2019	OPT	0.6731	-0.0011	📊	0.6739	0.6748	0.6727	12,377
Mexican Peso Futures	6MU9	SEP 2019	OPT	0.049410	-0.000210	📊	0.049500	0.049560	0.049400	4,106
New Zealand Dollar Futures	6NU9	SEP 2019	OPT	0.6313	-0.0027	📊	0.6340	0.6344	0.6311	4,301
Russian Ruble Futures	6RU9	SEP 2019	OPT	-	-	📊	-	-	-	0
Brazilian Real Futures	6LU9	SEP 2019	OPT	0.23935	-0.0010	📊	0.2395	0.23955	0.2375	68
Indian Rupee/USD Futures	SIRU9	SEP 2019		138.48	-0.16	📊	138.54	138.54	138.30	446
Standard-Size USD/Offshore RMB (CNH) Futures	CNHU9	SEP 2019		7.1772	+0.0056	📊	7.1728	7.1805	7.1698	166

圖表中的資訊即為 CME 期貨交易所的外匯期貨報價，全世界所有的外匯期貨交易者看到的價格都是相同的，以 CME 交易所的報價為準。

其中 Product 代表商品名稱，例如 Euro FX 即為歐元期貨，
Code 為商品代碼，
Contract 代表合約期間，SEP 2019 表示該合約最後履行時間為 2019 年 9 月 30 日
Last 為目前價格
Change 為價格變化
Open、High、Low 分別為開盤價、最高價、最低價
Globex Vol 代表成交量

資料來源：https://www.cmegroup.com/

保證金交易

外匯交易的最後一種方式就是外匯保證金交易,外匯保證金交易是在20世紀80年代產生於倫敦,後流入美國、日本、香港、中國等地,這也是目前世界上最主流、最受到投資人青睞的外匯交易方式。

外匯保證金交易的投資管道為國內外銀行和國內外經紀商,交易方式和期貨相似,都要在銀行或經紀商開一個交易戶頭,接下來就能針對各種貨幣兌,進行買入或是賣出。

▌分散式交易,每家銀行都報價不同

但和外匯期貨市場不同的是,外匯保證金並沒有一個集中報價的單位,所有交易均採分散式交易模式,換句話說,每家銀行(經紀商)都是一個獨立的報價與撮合單位。因此同一時間、同一種貨幣,在不同銀行(經紀商)間,可能會有不同的報價,但外匯市場流動性相當高,報價的差異不會太大。

我們擷取遠東商業銀行官網的保證金交易定義如下:「外匯保證金交易」是利用財務槓桿(註1)原理,將資金放大倍數操作。客戶於遠東國際商業銀行存入一筆保證金(Margin),以放大之額度,在外匯市場中,利用匯率升貶的波動從事外匯買賣,賺取其中的差價利潤。「外匯保證金交易」不實際交割所買賣之外匯,只在進場(新單)後,將來做反方向(平倉),結算平倉後的匯率差價損益。

圖1 報價各自不相同（上國泰銀行，下第一銀行）

外幣幣別 Currency		銀行買進 Bank buy	銀行賣出 Bank sell
美元(USD) US Dollars		31.4000	31.5000
美元現鈔(USD) US Dollar Cash		31.1200	31.7200
人民幣(CNY) Chinese Yuan		4.3560	4.4060
人民幣現鈔(CNY) Chinese Yuan Cash		4.2560	4.4260
港幣(HKD) Hong Kong Dollars		3.9790	4.0390
港幣現鈔(HKD) Hong Kong Dollar Cash		3.8990	4.0790
英鎊(GBP) Pound Sterling		38.1800	38.6000
瑞士法郎(CHF) Swiss Francs		31.9400	32.2000
澳大利亞幣(AUD) Australian Dollars		21.0400	21.2600

幣別代號	類別	買入匯率	賣出匯率	歷史匯率查詢
美 金(USD)	即期	31.39800	31.49800	請按我
美 金(USD)	現鈔	31.14400	31.70600	請按我
英 鎊(GBP)	即期	38.16900	38.60900	請按我
英 鎊(GBP)	現鈔	37.33900	39.18900	請按我
港 幣(HKD)	即期	3.97900	4.03900	請按我
港 幣(HKD)	現鈔	3.91900	4.05700	請按我
澳 幣(AUD)	即期	21.04700	21.24700	請按我
澳 幣(AUD)	現鈔	20.83700	21.46200	請按我

我們可以從圖中看出，不同的銀行之間，在同一個時間內，對同一種貨幣的報價可能也會有所不同。外匯保證金的情況也相同，不同的經紀商之間報價可能也會不盡相同。

資料來源：國泰世華銀行 https://www.cathaybk.com.tw/cathaybk/personal/
第一銀行 https://www.firstbank.com.tw/servlet/fbweb/Home

▌用數十倍槓桿，猜某種貨幣漲跌

翻成白話文就是：外匯保證金交易是一種以小搏大的交易方式，只要在遠東商銀存入保證金，便能交易數十倍的資金，猜某種貨幣上漲或是下跌，猜對了就會賺錢，猜錯了就會賠錢。

是的，外匯保證金交易的原理就是這麼簡單。雖然它和外匯期貨交易一樣，有許多交易細節和規則必須了解。但本質上，它就是一種讓全世界投資人猜某種貨幣上漲或下跌的遊戲。只是這看似單純的遊戲，背後其實藏著許多交易技巧，包含基本面、技術面、心態面、資金面等。若要成為高明的交易者，上述所提的交易技巧，缺一不可。

註1：槓桿是指資金所放大的倍數，一般來說，外匯期貨的槓桿通常在10～40倍，外匯保證金的槓桿則較高，通常在20～100倍。

表1 3 種投資管道的比較

	外匯現貨	外匯期貨	外匯保證金
承作單位	銀行	期貨商	銀行或經紀商
多空操作	只能做多	多空皆可	多空皆可
合約期限	無期限	3 個月（註 2）	無期限
槓桿	無	10 ～ 40 倍	20 ～ 100 倍
入門金額門檻	幾乎零門檻，零錢也可操作	高門檻，本金 4,000 美元以上比較好操作（註 3）	低門檻，本金 2,000 美元以上即可操作

註 2：由於合約規格限制，外匯期貨每 3 個月便要換倉，持倉期間分別為 1~3 月、4~6 月、7~9 月、10~12 月，其他投資方式則無此限制。

註 3：此處的入門金額並非是最低進場金額（不同的商品跟槓桿都會影響這個金額），而是按照我們團隊的經驗，建議最低入門的資金門檻。

資料來源：作者整理

Unit 12 國內外投資管道差別

前文提到，若要投資外匯保證金，可以選擇國內外銀行或國內外經紀商。那麼不同的銀行或經紀商，在交易細節上有什麼差異呢？接下來筆者將在這個章節，與大家分享這些投資管道的一些訣竅。

▍銀行：電話報價、手動打單交易

一般來說，國內銀行的外匯保證金交易方式大多採用電話報價，然後由交易員手動打單，少數銀行才有線上交易平台供客戶操作。比起經紀商來說，銀行的優點就是交易方式單純，客戶不用學習太多相關知識便可上手（例如軟體操作、合約規格等）；缺點則是報價不夠即時，以及手續費偏高、入門金額門檻較高等，故選擇銀行為通路的投資者普遍較少。但讀者如果認為學習軟體操作太過麻煩，習慣由專人協助代為下單的話，銀行通路會是一個不錯的選擇。

▍國內經紀商：線上下單，報價即時、門檻較低

過去，國內是沒有外匯經紀商的，後來由於政府法令限制鬆綁，於 2017 年起，國內開始有群益期貨及元大寶來期貨，從事外匯保證金業務，台灣開始有更加多元的外匯保證金投資管道，供投資人選擇。

群益和寶來的保證金槓桿倍數落在 40 ～ 100 倍，交易方式一律採線上下單，下單軟體使用 MetaTrader5，簡稱 MT5，出入金管道為國

表1 國外經紀商市值排名

外匯經紀商	市值（美元）
Interactive Brokers	144.3 億
IG Group	26.33 億
GMO Click	8.25 億
Plus500	7.18 億
Monex Group	6.89 億
CMC Markets	4.88 億
Swissquote	4.29 億
Gain Capital	2.68 億
XTB	2.17 億
Money Partners	1.56 億
KVB Kunlun	1.21 億
Hirose	0.92 億
LCG	0.17 億
Global Brokerage Inc.	0.12 億

資料來源：匯眾網

內銀行匯款。和銀行相較，國內經紀商的優點為報價即時、入門金額門檻較低，以及交易手續費較低等。缺點則是交易軟體操作較為複雜，需要另行學習。

▍國外經紀商：槓桿高、商品多，風險也較高

相較於台灣政府的保守，國外政府對外匯保證金業務則開放得多，尤其是英美等金融大國，外匯保證金交易已行之有年。國外經紀商的數量相當可觀，全世界有超過數百家經紀商可供選擇，其中不乏上市櫃公司，市值最大者更超過百億美元。

國外經紀商的槓桿倍數約落在 20 ～ 200 倍，交易模式一樣採線上交易，下單軟體多使用 MT4 或 MT5，出入金管道為信用卡及銀行電匯。和國內經紀商相較，國外經紀商的優點為槓桿較高、商品選擇較多等，缺點則是資金風險較高、客戶服務較不即時等。因此若選擇國外經紀商作為投資管道，最好選擇受合法監管的正規經紀商，資金安全的保障較高。

表2 外匯保證金各投資管道比較表

	國內銀行	國內經紀商	國外經紀商
商品選擇	僅有外匯	僅有外匯	外匯、CFD(1)
槓桿	約 20 倍	40~100 倍	20~200 倍
報價及交易方式	大部分採電話詢價、下單	採用 MT5 軟體	採用 MT4、MT5 軟體
資金安全性	高	高	較低
客服即時性	高	高	較不即時 (2)

(1) CFD（差價合約），可交易商品通常包含各國主要股市指數（如美國 S&P500 指數、日本 Nikkei225 日經指數等），以及黃金、白銀、原油等商品指數。

(2) 部分國外經紀商在亞洲區設有客服中心，甚至提供線上即時客服，服務的便利性相較於過往可說是改善不少。

資料來源：作者整理

Unit 13 關於經紀商監管

上一個章節中，提到國外經紀商的一個風險，就是資金安全性的問題。過去，由於資訊不透明，有許多外匯投資者選擇未受嚴格監管的經紀商，甚至沒有監管的經紀商（俗稱黑平台）。最後遇到經紀商惡意倒閉，或是推託財務狀況不佳，不允許客戶出金，結果就是紅塵來去一場空，帳號戶頭被掏空。

2015 年，台灣發生了外匯青年軍吸金事件；2015 年，大陸經紀商鐵匯，利用入金送高額贈金吸引投資人加入，最後卻是百般推託，不讓客戶出金提現；2018 年，大陸經紀商普惠世紀，以外匯操盤絕對保證獲利為噱頭吸引投資人，最終公司高層捲款而逃，諸如此類的外匯經紀商詐騙事件層出不窮、防不勝防。

那麼究竟該如何挑選經紀商？又怎麼樣辨別經紀商是否正派經營呢？提供兩個簡單的原則給大家參考：

▋須受公正單位監管，FCA 對台灣較有保障

目前全球常見的外匯經紀商監管與現狀如下：

美國全國期貨協會（NFA）：為美國極具公信力的監管單位，但若發生賠償事件，優先賠償美國客戶，他國客戶不見得能拿到賠償。

澳大利亞證券投資委員會（ASIC）：監管單位曾多次公開表示，ASIC 不對海外客戶提供保護，換句話說，如果經紀商出現問題，台灣

表1 各外匯經紀商監管比較表

	National Futures Association (NFA)	Australian Securities and Investments Commission (ASIC)	Financial Conduct Authority (FCA)
所屬國	美國	澳洲	英國
成立時間	1981 年	1998 年	2013 年（其前身 FSA 成立于 1997 年）
對經紀商營業行為監管程度	嚴格（1）	嚴格	非常嚴格（2）
客戶存款保障	無	無	有（3）
賠償追討	優先賠償美國客戶	不對海外客戶提供保護	公平對待全球客戶

(1) 2017 年 2 月 6 日，外匯經紀商 FXCM 就因與客戶對賭交易，被 CFTC 勒令退出 NFA，FXCM 也因此全面退出美國市場。

(2) FCA 在 2019 年 3 月 19 日，曾對瑞士聯合銀行 UBS 處以約 2760 萬英鎊的罰款，原因是瑞銀虛報了 1.358 億筆交易。

事件網址：https://www.fca.org.uk/news/press-releases/fca-fines-ubs-ag-276-million-transaction-reporting-failures

(3) FCA 為客戶提供金融服務補償計畫（FSCS），每個客戶單一戶頭享有 5 萬英鎊的存款保障

資料來源：作者整理

客戶是沒有任何保障的。

英國金融行為監管局（FCA）：公平對待全球客戶，2015 年 1 月瑞朗風暴席捲全球，造成經紀商 Alpari UK 破產，筆者的學員就有人透過 FCA 拿回賠償，雖然速度較慢，最後還是能拿回資金。

因此在經紀商監管的部分，強烈建議挑選有 FCA 監管的經紀商。FCA 除了為每個客戶提供 5 萬英鎊的保障，平日更會監控經紀商的營運，一旦經紀商有不當營運，甚至損及客戶權益的作為，便會遭到 FCA 的罰款，同時 FCA 會將該違規事項對外公布。因此處於 FCA 監管下的經紀商，蓄意違法損害客戶權益的機率，相對來說比較低。

▎提供高額贈金、承諾保證獲利恐有詐

所謂羊毛出在羊身上，如果經紀商提供客戶太過優惠的高額贈金，那麼日後一定會想方設法從客戶的身上賺回來，這時候出現惡性倒閉、卡出金，甚至是製造假交易紀錄，也就不足為奇了。同樣的，如果經紀商對客戶提出保證絕對獲利的承諾，萬一日後經紀商發生交易虧損，甚至一開始就把目的放在客戶的本金上，就很容易會出現惡性倒閉的情況。

基本上，在挑選經紀商的時候，如果能注意以上兩個原則，那大概就能避開 99％以上的地雷經紀商了。

你的經紀商是否處於 FCA 監管之下，可在 FCA 官網上查詢

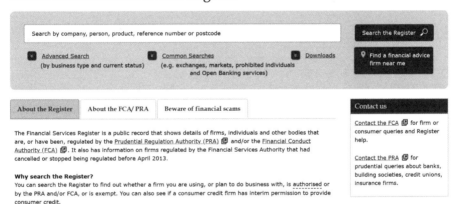

資料來源：FCA 官網

網址：https://register.fca.org.uk/

第四章

細談保證金交易

合約規格、槓桿與保證金計算

透過上一章的分享，相信讀者已經會分辨經紀商的好壞了，假設你已經挑選好最適合自己的投資管道，並且也開好了交易帳戶。接下來要教大家看懂外匯保證金的合約規格，以及保證金的計算。

▌最小交易量 0.01 手，為該貨幣 1 千元

外匯保證金的下單標準單位為該貨幣 100,000 元，稱之為 1 手，每次下單交易的最小交易量為 0.01 手。

例如：
買入 1 手歐元 = 買入 100,000 歐元
賣出 0.5 手澳幣 = 賣出 50,000 澳幣

▌保證金計算：下單交易量除槓桿倍數

前面的章節有提到，槓桿就是資金放大的倍數，換句話說，保證金的計算就是拿下單交易量，除以我們的槓桿倍數。

例如：
槓桿 100 倍，買入 1 手歐元所需的保證金為 100,000 ／ 100 = 1000 歐元
槓桿 20 倍，賣出 0.5 手澳幣所需的保證金為 50,000 ／ 20 = 2500 澳幣

圖1 保證金的交易單位

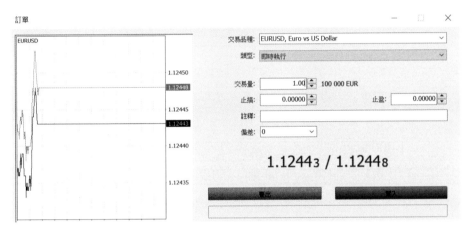

交易量若輸入 1.00，就是代表交易 1 手的歐元，實際上為 100,000 歐元。

資料來源：MT4 交易軟體

從這個例子可以發現，槓桿越高，要付出的保證金則越低；相反的，槓桿越低，要付出的保證金則越高。而交易槓桿，正是外匯保證金和外匯期貨交易的魅力所在，只要付出少少的資金，便能參與全世界交易量最大的投資市場。

買賣保證金與平倉拿回的貨幣不同

在買賣貨幣兌換時，買賣的是前面的貨幣，保證金同樣以前面的貨幣來計算，但要注意的是，最後平倉則是拿回後面的貨幣。以下面案例說明：

例如：（假設槓桿 100 倍）
買入 1 手歐元（歐美兌）EUR ／ USD，則須付出 100,000 ／ 100 = 1,000 歐元的保證金，最後若平倉（註 1）則拿回美元。
賣出 0.1 手加幣（美加兌）USD ／ CAD，則須付出 10,000 ／ 100 = 100 美元的保證金，最後若平倉則拿回加幣。

在這樣的合約規格之下，直接報價的貨幣跟間接報價的貨幣，在計算賺賠之時，會產生些微的不同，下一個章節再為讀者們介紹。

註 1：平倉為保證金和期貨的共通用語，指的是將手上的單給出掉。

表1 在同樣的交易單位下，保證金大小和槓桿成反比

買入一手歐元所需要的保證金

槓桿	所需保證金（歐元）
10	10,000
50	2,000
100	1,000

資料來源：作者整理

點數與賺賠計算

上一章我們學會了外匯保證金的交易量單位、保證金如何計算，還有一個「莫名其妙」的合約規格。這個章節要來學習如何計算的交易損益（那個莫名其妙的合約規格將會在這章發揮作用）。

▎四、五位制報價 vs. 大、小點

首先，要先知道什麼是點，在外匯的報價平台中，有四位制報價和五位制報價兩種，四位制報價會報到小數點第四位，例如 EUR ／ USD 1.1122；五位制報價則會報到小數點第五位，例如 EUR ／ USD 1.11223。四位制報價以小數點第四位為交易單位，稱為點（point）或是大點；五位制報價則以小數點第五位為交易單位，稱為點或是小點，因此1個大點 = 10個小點。順帶一提，外匯期貨與外匯保證金不同（註1），外匯期貨一律採用四位制報價。而筆者最初進入外匯市場，是從外匯期貨開始投資的，因此在損益上，習慣用大點計算。為求方便，本書往後的章節，一律以大點為計算基準。

在計算損益的過程中，要先知道到底賺或賠多少點，計算範例如下：

買入 EUR ／ USD 在 1.1122，平倉在 1.1125 → 賺了 3 點
賣出 AUD ／ USD 在 0.7788，平倉在 0.7798 → 賠了 10 點
賣出 USD ／ CAD 在 1.3388，平倉在 1.3368 → 賺了 20 點

圖1 MT4 採用 5 位數報價，圖中澳幣的買進和賣出價分別為
0.70213 和 0.70321

資料來源：MT4 交易軟體

▎損益計算須留意貨幣差異

最後套入前面提到的下單單位，每下單一手，若跳動一點，則會賺或賠 10 元。舉例如下：

買入 1 手 EUR ╱ USD 在 1.1122，平倉在 1.1125 → 賺了 3 點 → 賺了 30USD

賣出 1 手 AUD ╱ USD 在 0.7788，平倉在 0.7798 → 賠了 10 點 → 賠了 100USD

賣出 USD ╱ CAD 在 1.3388，平倉在 1.3368 → 賺了 20 點 → 賺了 200CAD

最後一個交易加幣的例子中，我們平倉後拿回來的不是美元，而是加幣。這也是前面在合約規格中提到的觀念：平倉後會拿到後面的貨幣。而在保證金交易軟體中（MT4 和 MT5），所有的損益甚至保證金，最終都會被換算成美元，因此上例中的第三筆交易損益計算還要換算成美元，最終計算結果如下：

賣出 USD ╱ CAD 在 1.3388，平倉在 1.3368 → 賺了 20 點 → 賺了 200CAD

200CAD 換成美元 → $200 \div 1.3368 \cong 149USD$

外匯保證金的損益計算就是這麼單純，只要一步一步按照步驟，就可以很快算出每筆交易的損益。

註 1：外匯保證金軟體（如 MT4、MT5）在報價上，基本上都是採用五位數報價

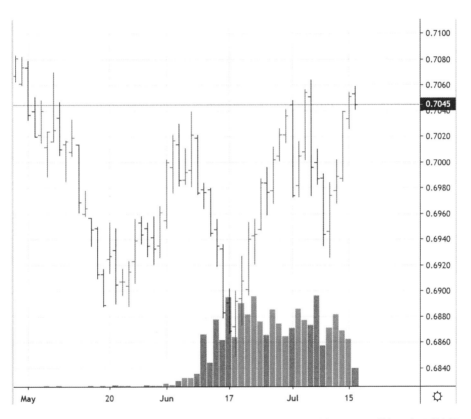

圖2　外匯期貨採用四位數報價，圖中最後一刻的澳幣報價為 0.7045

資料來源：CME 芝加哥交易所官網

Unit 16　點差、庫存費

　　近年來，台灣越來越多投資人投資外匯市場，也開始涉及外匯保證金交易；但在台灣，外匯保證金交易尚不算主流大宗的投資方式，接觸的人口不像股票那樣普及。因此我們在課堂中，常常會被剛開戶的學員問到：外匯保證金的交易手續費如何計算？

　　其實外匯保證金交易的手續費計算相當簡單，規則和銀行換匯大致上相同。經紀商的報價和銀行一樣，都會有高低兩種價格，一般標示為買價與賣價。賣價的價格較低，代表客戶賣出某種貨幣的價格，買價的價格較高，代表客戶買入某種貨幣的價格。

▌點差：等於給經紀商與銀行手續費

　　我們舉圖 1 的例子來看，該經紀商美加兌在當時的報價分別為 1.30660 和 1.30681。如果在當下敲入一手買單，買進的價格就會是右邊較高的買價：1.30681，之後無論何時將這筆單平倉，平倉價格就會以左邊較低的賣價為準了。若當時敲入的是賣單，規則亦然，會進在左邊較低的賣價，出在右邊較高的買價。換句話說，經紀商和銀行收取手續費的方式相同，都是賺取買賣價之間的高低價差，這個價差一般稱之為「點差」。

　　讀者應該發現了，外匯保證金看起來似乎沒有交易手續費，但這筆手續費是在交易發生的當下就產生了。我們以圖 1 為例，一手的買單一旦成立，經紀商就可以賺取 2.1 點的點差，相當加幣 21 元的手續

圖1 從圖中可以看出，經紀商報價會有高低兩種價格，分別是買價與賣價

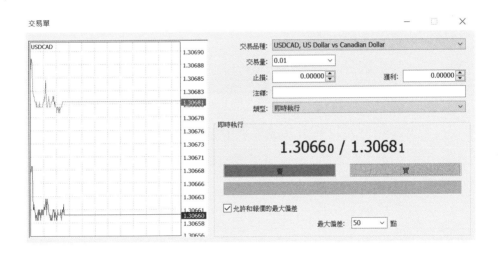

資料來源：MT4 交易軟體

費。因此在實務交易上，建議讀者做每筆交易時，一定要深思熟慮，只找有把握的點才做。如果交易的方式是看心情，每天殺進殺出個幾十次，相信最後得到的，不會是豐厚的投資報酬，只有熱情的經紀商尊榮禮遇。

▌庫存費 (Roll)：看貨幣兌之間利息高低而定

在外匯保證金當中，有一種額外的利潤（有時是費用）叫做「庫存費」，或稱「隔夜利息」。這個金額會在持倉過夜時產生，而且持倉間期間越久，金額累積越高。庫存費有時候是正的，有時候卻是負的，端看交易貨幣兌之間的利息高低而決定。一般而言，買入高息貨幣會有正的庫存費收益，買入低息貨幣則會有負的庫存費費用。

以 EUR ／ USD 歐美兌這個貨幣為例：

目前歐元區利息較低，為 0；美國利息較高，為 2.25％。

因此買入歐元（低息貨幣）的隔夜利息便是負的；相反的，賣出歐元的隔夜利息是正的。而庫存費的多寡，則依每家經紀商合約規格而定，不同的經紀商，也會有不同的計算基準。

然而在實務交易的經驗上，建議把主要利潤來源放在各貨幣間的價差買賣。若能順便賺取庫存費利潤，不妨把它當成是錦上添花吧。

圖2 庫存費的計算可以詢問經紀商，每家經紀商規定不盡相同，圖為外匯經紀商 FXCM 的庫存費（Roll）範例

Symbol	Sell	Buy	Spread	High	Low	Roll S	Roll B	Pip Cost
EUR/USD	1.29784	1.29810	2.6	1.30493	1.29543	0.06	-0.12	0.10
USD/JPY	78.153	78.183	3.0	78.382	78.101	-0.07	0.03	0.13
GBP/USD	1.62272	1.62315	4.3	1.63108	1.62088	-0.12	0.05	0.10
USD/CHF	0.93288	0.93330	4.2	0.93458	0.92838	-0.08	0.04	0.11
USDOLLAR	9,815	9,819	4.0	9,834	9,778	0.12	-0.32	1.00
AUD/USD	1.04524	1.04584	6.0	1.05201	1.04231	-1.30	0.62	0.10
USD/CAD	0.97641	0.97678	3.7	0.97813	0.97305	0.13	-0.26	0.10
NZD/USD	0.82808	0.82864	5.6	0.83385	0.82793	-0.78	0.37	0.10

Advanced Dealing Rates (20)　Simple Dealing Rates (20) ✕

資料來源：FXCM 官網

網址：https://www.fuhuiglobal.com/au-chinese/tc/support/faq/top10/

甚麼是爆倉？要如何避免呢？

在筆者的教學經驗中，只要教到損益計算這個章節，常常會被學員問到：老師，現在的交易軟體都動自動幫我們算好損益，為什麼我們還要學會自己計算呢？

的確，軟體都幫我們算好損益了，為什麼還要學會自己計算呢？我的理由是，學會自己計算損益的好處相當多，除了可以活化腦細胞、預防老人癡呆，更重要的是，可以清楚知道自己的資金水位，並且避免爆倉。

▌爆倉：虧損大於餘額，被強制平倉

在外匯保證金交易中，當場上有單處於虧損狀態，到了帳戶餘額不足以支付虧損時，場上所有的單會立刻遭到系統強制平倉，稱之為「爆倉」（若在期貨市場則被稱之為斷頭）。若以經紀商的角度來看，則是當客戶帳戶的剩餘保證金為零，系統會強制替客戶場上所有單子做平倉。舉個例子如下：

小索的戶頭裡面有 1500 美元，槓桿為 100 倍。

某日小索在 EUR／USD 1.1000 時買入 1 手，那麼需要付出的保證金為 100,000 歐元／100 = 1,000 歐元，換算美元為 1,100 美元，因此帳戶的剩餘保證金為 1,500 – 1,100 = 400 USD

圖1 經紀商爆倉規定，此為經紀商 FXCM 的例子。須注意的是，每家經紀商對於爆倉的規定不盡相同，讀者們還是要洽詢自己開戶的經紀商喔。

平倉 🔍×

MT4如何平倉？

按以下步驟平倉：1：在終端窗口中對要平倉的單子單擊鼠標右鍵 2：選擇"平倉" 3：點擊黃色"平倉"按鈕來確認關閉 注意：當點擊將要關閉的交易時將彈出一個確認關閉窗口

 👍 2 👎

什么情況下会爆仓？

当阁下的可用保证金跌至零时，将会触发追加保证金通知。当阁下的浮动亏损将账户净值减少至少于或相等于阁下的保证金要求的水平时，这便会发生。请紧记，若账户上的可用保证金为零，所有开仓部位将会触发平仓。

请注意，MT4用户将会受不同的追加保证金程序所规限。当账户触发追加保证金时，个别持仓将会被自动结算，直至余下的净值足以支持现有持仓为止。在厘定哪些持仓将会被个别自动结算时，最大亏损持仓将会在自动结算时被首先平仓。

 👍 4 👎

資料來源：FXCM 官網
網址：https://www.fuhuiglobal.com/au-chinese/tc/support/faq/top10/

而歐元下單 1 手時，跳動 1 點損益為 10USD，故小索的剩餘保證金只能虧損 400 ／ 10 = 40 點，計算之下，只要 EUR ／ USD 跌破 1.0960，小索這筆單就會被系統強制平倉。若當時市場成交價為 1.0960，則能拿回保證金 1,100USD，虧損 400USD。但平倉時若市場成交價低於 1.0960，小索的虧損則會進一步擴大，產生超額虧損（在重大數據發布時特別容易發生）。

▌每 1,000 本金，最多下 0.1 手的單

在交易實務上，每下一筆單的手數都會經過仔細計算，必須符合資金控管比例原則。然而新手入市，在交易經驗不足的情況下，該如何避免爆倉呢？筆者分享一個簡單的方式：每 1,000 本金，下單單位最多只能下 0.1 手。

套用以上案例，以最低的槓桿 20 倍計算，並本金假設 1,000 美元：

小索在 EUR ／ USD 1.1000 時買入 0.1 手，那麼需要付出的保證金為 500 歐元，換算美元為 550 美元，因此帳戶的剩餘保證金為 1,000 - 550 = 450 USD，足以讓小索承擔 450 點的虧損，爆倉的風險也就大大降低了。

在交易中，我們能控制的只有風險。因此，進入外匯市場的第一步，就從控制下單手數、避免爆倉開始做起吧！

圖2 MT4 軟體中顯示的「預付款」即為保證金，「可用預付款」
即為剩餘保證金

交易
2 032.02 USD

結餘：	19 162.29
淨值：	21 194.31
可用預付款：	18 689.51
預付款比率(%)：	846.15
預付款：	2 504.80

價位

GBPUSD, sell 1.00
1.24567 → 1.24286   281.00

GBPUSD, sell 1.00
1.25913 → 1.24286   1 627.00

資料來源：MT4 軟體

第五章

外匯操作的
基本面分析

外匯投資的兩個流派

　　一般而言，在外匯投資的領域中，大致分為兩種流派，分別是認為掌握經濟脈動，便能掌握貨幣走勢的基本面派；以及相信價格就是一切、將圖表分析奉為圭臬的技術面派。然而，兩派信徒互看不順眼，均認為自己的流派才是投資正宗、才是市場贏家。

　　在筆者多年外匯投資的經驗中，與兩個流派的信奉者均接觸、交流過，其中有香港銀行的大中華地區基金經理人，也有台灣私募基金裡的頂尖交易員。的確，兩個流派的信徒都有屬於自己的一套交易系統，也都曾在他們所屬的團隊中，為投資人創造可觀的報酬，賺取豐厚的交易利潤。

▌到底要相信基本面還是技術面？

　　通常我和外匯投資同好或學員提到這段經驗，接下來一定會被問到：做外匯投資，應該要相信基本面，還是技術面好呢？這個問題就像古代的武器商人被問到，究竟是左手拿的矛比較鋒利，還是右手拿的盾比較堅固，一樣難以回答。故此，我只好選了一個非常鄉愿的答案：都很重要。

　　平心而論，這個回答，的確是我心裡真正的想法。

　　隨著近來各國政府逐漸走向主權化、大政府化，加上資訊傳遞的快速化，現代的金融環境已不同過往，變化快速，甚至非常劇烈。這

表1 基本面與技術面特色比較

	基本面	技術面
依據	經濟表現	市場價格
分析方式	經濟數據統計、分析（如 GDP 數據、CPI 數據、PMI 數據…等）	技術指標（如 MA、KD…等）、技術分析（如波浪理論、葛蘭碧法則……）
宗旨	希望透過分析經濟數據的方式，提前掌握市場脈動	相信價格就是一切，以統計學為基礎在價格圖表上做分析

資料來源：作者整理

樣的現象可從非農之夜（指美國每月第一個周五晚上 8 點 30 分，公布非農業人口就業）的劇烈行情，以及如英國脫歐、美國貿易戰等重大財經事件中得到印證。

▌應兩者兼具，只信一派風險極高

因此，若是兩耳不聞窗外事，只一心鑽研技術圖表、醉心技術分析，難保哪一天不會遇上黑天鵝事件（註 1）而中箭落馬。同樣的，若是完全不在乎市場方向，只盲目相信基本面分析的話，則很有可能會陷入與市場對做，最後落得難以回頭的窘境。

在實務交易上，一定要懂最基礎的基本面分析，同時多關注國際新聞，這有助預測貨幣走勢的大方向，以及決定資金控管的風險承受度。同樣的，也要學一套有系統的技術分析，技術分析最大的好處就是能幫助我們在操作時，做到進退有據、不受個人情感左右。

註 1：18 世紀歐洲人發現澳洲以前，他們所見過的天鵝都是白色的，直到發現了澳洲當地的黑天鵝，他們認識天鵝的視界才得以打開。在投資中，我們把幾乎不可能發生，但卻偏偏發生了的事件，稱為「黑天鵝事件」，例如 2015 瑞朗風暴、2016 年英國脫歐等。

> 表2 投資者應找尋一套系統性的技術性分析，例如我們團隊所使用的系統為四分判斷法，則是由 MA、KD、MACD、BB 四個技術指標所組成的分析方式。

四分判斷法指標作用整理表

	MA	KD	MACD	BB
作用	判斷多空	判斷轉折點	判斷多空趨勢強弱	判斷趨勢
判斷準則（做多）	K 棒在 MA 之上	KD 交叉往上	柱狀體在 0 軸之上	K 棒在通道外上方
判斷準則（做空）	K 棒在 MA 之下	KD 交叉往下	柱狀體在 0 軸之下	K 棒在通道外下方

資料來源：作者整理

央行與貨幣政策

在外匯市場中,有個權力比天高、喊水會結凍的機構一定得認識——各國的中央銀行。中央銀行負責管理一個國家的貨幣供給、信貸條件,以及監管金融體系,同時也是國家貨幣政策的制訂及執行者。中央銀行的任務是對貨幣進行宏觀調控,保障金融安全與穩定。

用白話的方式說,中央銀行負責管理一個國家所有的「錢」。同時,它擁有許多種貨幣政策操縱這些錢的流向,進一步影響市場中的商業活動以及景氣溫度。例如調整利率、存款準備率、貼現率,或是實行額外的公開操作等,這些手段都會直接或間接影響貨幣的漲跌。因此在實務上,務必要了解各國央行的政策與動態。以下簡單介紹央行是如何影響市場的:

在兩種狀況下,央行會主動出手干預市場,分別是景氣過熱或景氣過冷。

▎透過升息或降息,抑制景氣過熱或過冷

景氣過熱是指一國內商業活動蓬勃發展,經濟持續增長一段時間後,生產者有可能持續投入過多、造成投資生產無效化的現象,最終導致經濟衰退,甚至有可能發生資產泡沫化。為了避免發生景氣過熱,央行會採取的手段為提升利率、提高存款準備率,或提高貼現率等。這些手段會提高生產者的借貸成本,同時在市場上造成貨幣緊縮的效果,景氣便有可能因此降溫。

圖1 各國利率可在網路上查詢

● 基準利率

國家	利率名稱	目前利率	升降基點(BP)	公佈日期	前次利率	通膨率	當地貨幣/美元%(今年來)
美國	聯邦基金利率(Fed Funds)	2.25-2.50%	+25	2018/12/19	2.00-2.25%	3.142%	0.00%
美國	貼現率(Discount)	3.00%	+25	2018/12/20	2.75%	3.142%	0.00%
美國	基本利率(Prime)	5.50%	+25	2018/12/20	5.25%	3.142%	0.00%
日本	最低一般超額準備金利率	-0.1%	-20	2016/01/29	0.10%	-0.283%	2.20%
日本	隔夜無擔保拆息利率(Target UC O/N)	0-0.10%	-20	2010/10/05	0.10%	-0.283%	2.20%
日本	貼現率(Discount)	0.30%	-20	2008/12/19	0.50%	-0.283%	2.20%
英國	準備金利率	0.75%	+25	2018/08/02	0.50%	4.454%	-2.44%
歐元區	主要再融資利率(REFI)	0.00%	-5	2016/03/10	0.05%	4.454%	-2.07%
歐元區	存款利率(Deposit Rates)	-0.40%	-10	2016/03/10	0.30%	4.454%	2.07%
瑞士	利率目標區間	-1.25~-0.25%	-50	2015/01/15	-0.75~-0.25%	0.228%	-0.55%
丹麥	貸款利率(Lending Rate)	0.05%	-15	2015/01/19	0.20%	2.757%	-2.08%
瑞典	附買回利率(Repo)	-0.25%	+25	2018/12/20	-0.50%	1.366%	-5.24%
挪威	銀行同業存款利率(Key Policy)	1.25%	+25	2019/06/20	1.00%	1.301%	0.60%
加拿大	隔夜拆借利率(O/N Rate)	1.75%	+25	2018/10/24	1.50%	2.89%	4.50%
澳大利亞	隔夜現金目標利率(O/N Cash)	1.00%	-25	2019/07/02	1.25%	3.389%	-0.58%
紐西蘭	官定現金利率(Official Cash)	1.50%	-25	2019/05/08	1.75%	4.028%	0.22%
台灣	重貼現率(Rediscount)	1.375%	-12.5	2016/06/30	1.50%	1.422%	-0.92%
台灣	擔保放款融通利率(Accommodations)	1.75%	-12.5	2016/06/30	1.875%	1.422%	-0.92%
台灣	短期融通利率	3.625%	-12.5	2016/06/30	3.75%	1.422%	-0.92%

資料來源：鉅亨網

網址：https://www.cnyes.com/CentralBank/interest1.htm

景氣過冷則和景氣過熱相反，出現商業活動低迷、廠商不願投資生產、民眾也不願消費等現象，伴隨而來的是失業率上升、物價下跌等。情況嚴重時，甚至會發生經濟大蕭條。而為了避免景氣過冷，央行會採取降低利率、降低存款準備率、降低貼現率等。這些手段可以降低生產者以及民眾的借貸成本，進而提升廠商投資生產意願，以及民眾的消費意願，景氣便有望因此提升。

▌央行利率政策，直接影響貨幣升貶

交易實務上最需要關注的，就是央行的利率政策。因為一個國家的利率水準，將決定這個國家對於海外資金的吸引力道，進而影響貨幣的升貶。假設一個情況：若明天起，美國的利率宣布提升到 10％，會發生什麼事呢？沒錯，你會發現銀行跟郵局會出現排隊人龍，大家搶著把新台幣定存解約，換成美元定存。大家紛紛買入美元的結果，就是推動美元的升值。

這個例子有點誇張，幾乎不可能發生，但是透過這個簡單的例子，可以知道，一個國家的利率變化，將是影響該國貨幣走勢最重要的因素。

圖2 美國利率和美元指數走勢關係圖，從圖中可以看出，兩者走勢呈現高度正相關

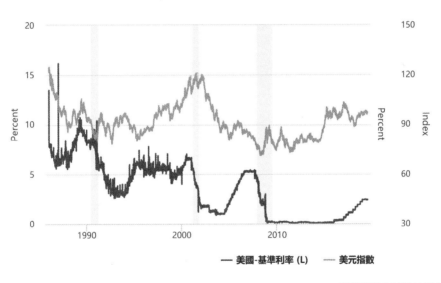

資料來源：財經 M 平方

非常規的貨幣政策—量化寬鬆

　　中央銀行操縱貨幣的手段，除了上一章提到的利率政策，還有一些非常規的公開市場操作，某些政策對市場的影響力，甚至大於利率政策。例如 2008 年年底，由美國聯準會所實施的量化寬鬆政策（Quantitative Easing，QE）。

▎次貸風暴，美國率先啟動 QE

　　2008 年，美國爆發次級房貸危機，金融海嘯席捲全球。美國首當其衝，不但股市暴跌、多家大型金融機構如銀行、券商等更接連倒閉，金融秩序瀕臨崩潰。在資產泡沫破裂之後，聯準會將利率調降到趨近於零的水準，但依然無法拯救經濟和解決流動性不足的問題。最終，聯準會祭出重手，決定採用非常規的公開市場操作，量化寬鬆政策因此被端上檯面。

　　量化寬鬆政策主要是由央行透過公開市場買入證券、債券等金融資產，使銀行在央行開設的結算戶頭內現金增加，為銀行體系注入新的流通性。用白話的方式來說，量化寬鬆政策就等於央行「印鈔票」，藉由購買政府及企業債券的方式，增加貨幣流通量，進而刺激銀行借貸，便可增加市場上的「錢」，以達到重振經濟的效果。

　　根據 CNN Money 的統計，從 2008 年 11 月開始，截至 2014 年 10 月，美國前後進行了 3 輪的 QE 政策，投入總規模超過 3 兆美元。而英國央行也在 2009 年 3 月跟進，挹注 3,750 億歐元，相當於 5,000

圖1 2014~2015 年歐元現貨周線走勢圖，歐美兌自 1.38 重貶至 1.04

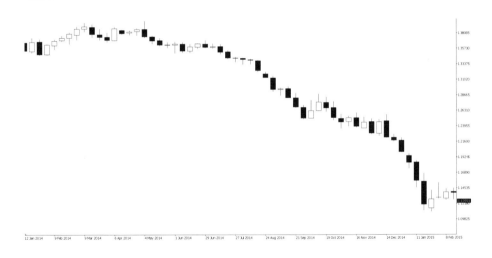

資料來源：MT4 交易軟體

億美元。日本也在 2013 年啟動寬鬆政策，購買的資產規模為 2.5 兆美元。歐央行則是在 2015 年跟進，投入市場的資金超過 2 兆美元。

▍大量「印鈔」，經濟回春、貨幣大貶

在各國央行挹注了如此龐大的資金量之下，這些國家的市場景氣紛紛自谷底回升，失業率降低、GDP 回穩，股票市場指數更創下近十年的新高。

而各國貨幣的匯率，也在 QE 政策的影響之下，均呈現自由落體般的下墜走勢。歐元在 2014 年中至 2015 年中，僅僅一年，價格由 1.38 重貶至 1.04；英鎊也在同一時間從 1.715 重貶至 1.38；而日圓則是最瘋狂的一個，美日兌在 2013 到 2015 年之間，價格從 80 飆漲至 124，日圓兌美元貶值將近 56％。

時至今日，各國的 QE 政策均已進入尾聲，對貨幣走勢的影響也大不如前，美國聯準會甚至反向操作好一段時間了（註 1）。但從這段歷史來看，有時候這類非常規的貨幣政策，對貨幣的影響力，甚至要高於傳統的貨幣政策。因此在實務操作上，絕對要多加關注國際新聞，並對市場保持高度的敏銳性，說不準在未來的某一天，歷史有機會重演呢。

註 1：美國聯準會於 2017 年 10 月開始縮減資產負債表，每月縮減 100 億美元，此舉可視為 QE 的反向操作，就是從市場上把錢收回。

圖2 2013 至 2015 年日圓走勢圖，美日兌從 80 飆漲至 124

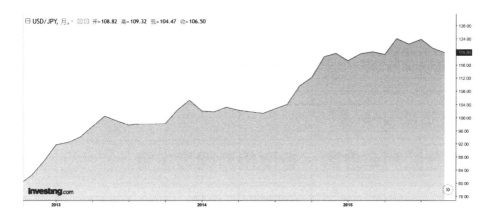

圖片來源：Investing.com

Unit 21　外匯市場中重要的經濟數據

　　除了前面提到的利率政策、QE 等貨幣政策，一些特定的經濟數據也可能影響外匯市場的走勢。例如國內生產毛額（GDP）、消費者物價指數（CPI）、採購經理人指數（PMI）等。因此在實務上，也必須關注這些數據，及其變化趨勢。

　　一個國家的經濟數據相當多，然而數據重要程度不同，越是重要的經濟數據，對市場發生影響的機率就越高。因此，在以下的篇幅，我們會把數據分級，從魔王級（★★★）、重要級（★★），到普通級（★）為大家一一介紹：

魔王級★★★

▌各國利率會議、會議後新聞發布會

　　利率政策的重要性無須贅言，它絕對是數據界裡重點中的重點。另外值得一提的是，各國央行行長常會在利率決議公布之後一段時間，才對外召開新聞發布會。有時候，央行行長會「不小心」透露未來的貨幣政策走向，這對盤勢也會造成劇烈的影響。所以實務上，請留意各大央行長們的發言，他們對外匯市場的影響力，絕對超乎你的想像。

　　筆者就曾經見識過某次歐元區利率會議宣布降息後，歐元瞬間大跌 100 多點，但在會後新聞發布會上，因為歐洲央行行長德拉吉（Mario Draghi）的一番談話，歐元又瞬間反向大漲超過 200 點，盤勢變化劇烈，令人不可思議。

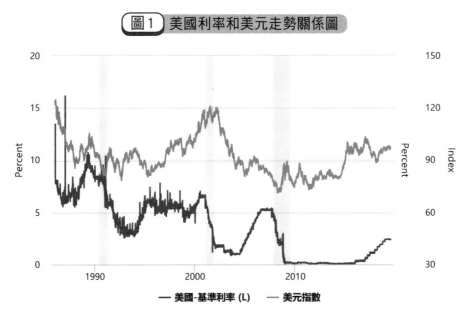

圖 1 美國利率和美元走勢關係圖

── 美國-基準利率 (L)　　── 美元指數

從圖中可以看出，兩者走勢呈現高度正相關，因此利率會議的重要性絕對不容忽視。

圖片來源：財經 M 平方

▍美國非農就業人口變化

這個數據是統計美國非農業的就業人口增長（或減少）數量，美國勞工局於每月的第一個禮拜五晚上發布，夏令時為台灣時間晚上 8 點 30 分，冬令時為台灣時間晚上 9 點 30 分。由於美國實行 QE 政策之後，必須觀察某些經濟指標驗證景氣是否復甦，其中非農就業人口數據，就是聯準會的一個重要關注指標，因為它基本上可以代表美國的就業市場狀況。故此，每次非農數據的結果可說是萬眾矚目，對盤勢的影響力極大。

然而非農數據至 2019 年 6 月已連續 102 個月呈現正成長，在市場普遍認為美國已經充分就業的情況下，非農數據對盤勢的影響力已經大不如前。即使如此，美國非農依然是相當重要的經濟數據，請大家要多加關注。

重要級（★★）

▍物價指數（Consumer Price Index, CPI）

這個數據主要反映與一國居民生活有關的產品及勞務價格的物價變動指標，以百分比變化為表達形式。舉例來說，如果今年的國內 CPI 數據為 1%，就代表今年國內的物價，較去年上漲 1%。在經濟學上，CPI 是衡量通貨膨脹的主要指標，一般而言，政府會希望每年的通膨是溫和的，CPI 最好能控制在 3% 以內。超過 3% 為通貨膨脹，超過 5% 就是嚴重的通貨膨脹。近年來，在 QE 政策過後，各國政府都想知道 QE 政策是否有成效，而 CPI 便是其中一個觀察指標。在通膨的表現上，各國都希望 CPI 能夠達成 2% 的目標。

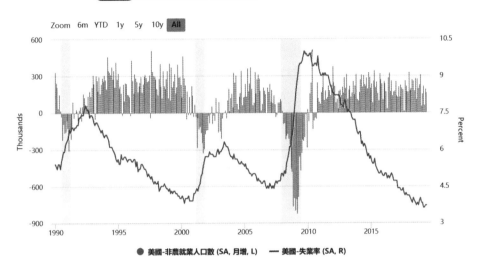

圖2 美國非農就業人口數據歷史資料

● 美國-非農就業人口數 (SA, 月增, L)　── 美國-失業率 (SA, R)

可以看出自 2011 年以後，美國的就業數據一直是呈現正成長的狀況

圖片來源：財經 M 平方

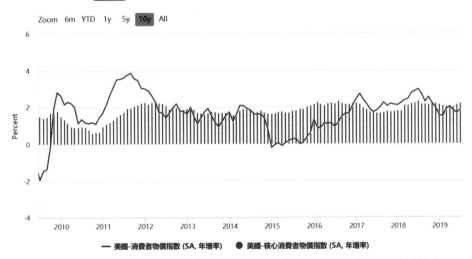

圖3 美國消費者物價指數（CIP）歷史資料

── 美國-消費者物價指數 (SA, 年增率)　● 美國-核心消費者物價指數 (SA, 年增率)

從圖中我們可以發現，美國近年來的 CPI 表現不差，自 2017 年後平均維持在 2%
的水準。

圖片來源：財經 M 平方

失業率

失業率是指失業人口占勞動人口的比例，旨在衡量閒置中的勞動產能。在美國，就業市場的觀察指標為前述的非農就業人口；而在其他國家，就業市場的觀察指標，則以失業率為主。失業率同樣為 QE 過後，政府衡量市場景氣的指標之一，而且失業率和人民的生活是息息相關，因此在外匯市場中，失業率也是必須高度關注的經濟數據。

GDP（Gross Domestic Product）

國內生產總值，台灣亦稱為國內生產毛額，GDP 是一定時期內（通常為一季或是一年），一個區域內的經濟活動生產出之全部最終成果（產品和勞務）的市場價值。簡單來說，GDP 就是將一個地區在一段時間內的經濟產出量化為數字金額，例如台灣在 2018 年的年度 GDP 為 589,997 百萬美元，約合新台幣 17.7 兆元。GDP 除了可以用來表示一個國家整年度的經濟產出，也可以用來計算經濟成長率，因此在衡量經濟表現上，GDP 是一個相當重要的觀察指標。

普通級（★）

採購經理人指數（Purchasing Managers Index, PMI）

一般來說，PMI 指數裡比較重要的是製造業 PMI，它是衡量一個國家製造業的「體檢表」，是衡量製造業在生產、新訂單、商品價格、存貨、雇員、訂單交貨、新出口訂單和進口狀況的指數。

若發布數字在 50 之上，則代表製造業整體景氣相當良好；若發布數字在 50 之下，則代表製造業整體景氣欠佳，經濟有下滑之虞。

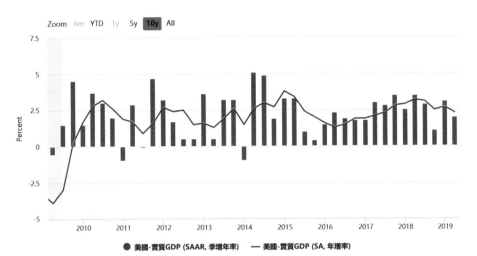

圖4 美國 GDP 歷史資料

從圖中可以發現，自 2014 年以來，美國 GDP 皆呈現正成長。

圖片來源：財經 M 平方

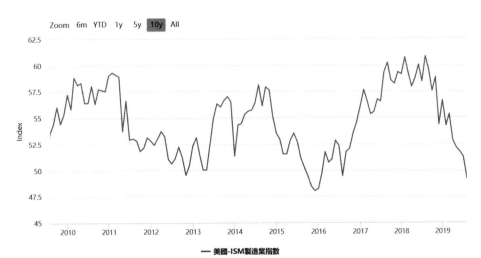

圖5 美國 ISM 製造業 PMI 歷史數據

2009 年以來，美國的製造業表現也是不差，絕大部分時候，數據表現都維持在枯榮值 50 之上。

圖片來源：財經 M 平方

▎零售銷售指數（Retail Sales Index）

零售銷售指數是以民眾用現金或信用卡支付為基準，而統計出的景氣指標，它代表一個國家民眾的消費力道。一般而言，零售額提升，代表個人消費支出增加，經濟狀況可能好轉；反之，若零售額降低，代表個人消費支出減少，經濟恐有衰退之虞。

▎消費者信心指數

在美國，消費者支出占經濟總值的三分之二，因此可作為判讀消費者支出意願傾向的消費者信心指數，備受經濟學家關注。消費者信心指數乃是透過抽樣調查的方式，反映消費者對目前及未來 6 個月的經濟景氣、就業狀況與個人財務狀況的感受和看法，該指數和過去值對照的趨勢是觀察重點。

在實務交易經驗上，越重要的數據（例如非農）越有可能對市場造成影響，但這並不代表普通級的數據就不會有任何影響，筆者也曾見過消費者信心指數對市場造成巨大影響的情況。因此在每次的經濟數據發布之前，建議讀者稍微調整手上的部位，尤其在魔王級數據發布時，千萬不要壓注重倉。萬一行情來個大反轉，等著我們的就是爆倉通知，或是斷頭催繳保證金的電話鈴聲了。

最後推薦各位讀者兩個不錯的財經數據網站，一個是聖杯團隊的部落格，會在每周日提前分析下周數據；另一個是數據網站外匯街，裡面可以查到數據的發布值以及詳細發布時間。如果你是外匯市場的新手，這兩個網站可以給你很大的助益。記得在下單交易之前，先上網查查是否有重要數據即將發布喔。

圖6 美國零售銷售歷史數據

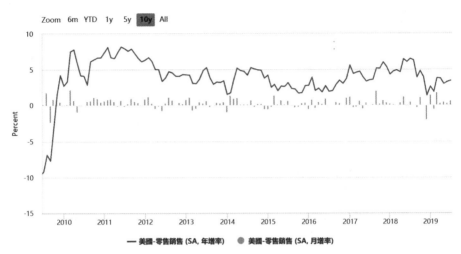

圖片來源：財經 M 平方

圖7 美國消費者信心指數歷史資料

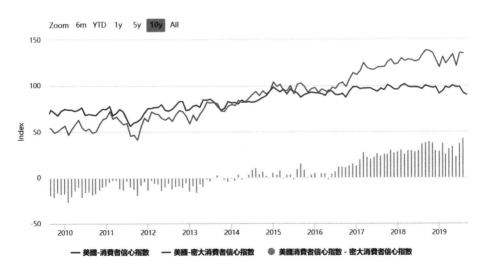

圖片來源：財經 M 平方

第六章

外匯操作的
技術面分析

Unit 22 技術分析與技術指標

　　技術分析，就是使用技術指標判斷過去的資料，並預測未來行情的漲跌。

　　我們先來看圖 1。這些令人眼花撩亂的圖形跟線條，就是技術分析用的各種技術指標。例如均線、K 線、KD 指標、RSI 指標、MACD、布林通道等。我們可看圖 2 中這些常見的技術指標列表。

　　一般而言，技術指標大概會有幾種類型，上圖就是簡單區分為趨勢型、震盪型，以及其他類型。趨勢型的指標，顧名思義就是主要以順著趨勢操作為主，而衍生出來的指標。震盪型的指標，主要是在趨勢震盪時，想要判斷轉折點而衍生出來的指標。

　　其他類型的指標，就充斥各種不同的意義與判讀方法了。

▎適合自己的，就是最好的技術分析

　　這些五花八門的技術指標，就像武俠小說裡面的各大門派，每一個門派都有自己常用的一套指標跟邏輯，甚至是專屬的參數設定，所以這些門派，也就擁有各自的使用者跟信徒。

　　在同一個盤勢或圖表裡，不同流派的技術指標使用者，就會有不同的見解。既然是百家爭鳴的狀態，到底哪一種技術指標才是最強、最好用的呢？

圖1 指數指標在精不在多！

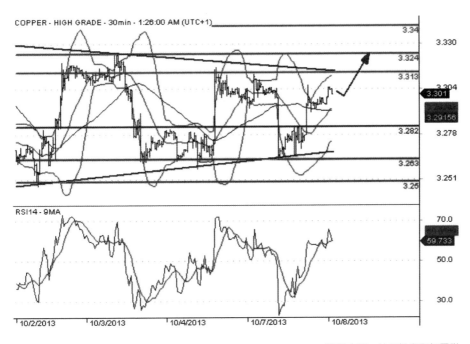

資料來源：外匯投資聖杯團隊

坦白說，這個問題沒有絕對的答案。因為永遠都不會有一個技術指標，可以百分之百預測未來。所以，只要哪個技術指標對你而言最簡單易懂，或是最容易使用，那這個技術指標對你而言，就是最強、最好用的。

　　但還是有很多投資人不停地追求各種繁複、艱深的技術分析方式。他們總是認為世上一定存在著某一種很神奇的指標，只要能學會，日後投資就可以無往不利，穩賺不賠。於是開始追求神話，一心想著得道成仙，並且樂此不疲，但最後卻發現，一切有如夢幻泡影……

　　所以，看完這篇後我們一定要知道一個概念，技術指標，終究不過是當商品價格呈現後，透過某種原理的計算，呈現出來的某種樣子而已。

表1 重要技術指標的類別及功用

分類	指標名稱	領先指標	落後指標	主要用途
趨勢型	MA		✔	投資人的平均成本，藉此判斷目前趨勢
	MACD		✔	確認中長期的波段走勢與力道
	SAR	✔		判斷趨勢的轉向，做為停損與停利用居多
	DMI	✔		判斷價格的波動以及強弱
震盪型	RSI	✔		判斷價格的相對強弱
	KD	✔		判斷價格的相對走勢與轉折點
	威廉	✔		衡量多空雙方的峰值，進而判斷超買或超賣
其他	費波南契數列	✔		運用黃金切割找出相對支撐與壓力
	布林通道		✔	判斷價格是否突破區間進而做相關操作

資料來源：外匯投資聖杯團隊

認識 K 線：價格波動的符號

K 線，又稱 K 棒，就是在盤勢圖裡的一種價格呈現工具。透過 K 線，我們可以知道在過去的某些時間點，他們當下所代表的價格。當然也有很多人從 K 線的各種排列組合裡，推敲出五花八門的分析方式，進而判斷未來趨勢。所以，K 線對於投資人來說，是非常重要的工具。

K 線可分「陽線」、「陰線」和「中立線（十字線）」3 種。我們來看一下圖 1 的 K 線示意圖。我們可以看到，圖中的兩根 K 線都一樣顯示 4 個價格：開盤價、最高價、最低價、收盤價。

換句話說，每根 K 線就是由這 4 種價格組成的。而圖中的兩根 K 線，分別為陽線與陰線，兩者的差異在哪呢？陽線代表收盤價高於開盤價，也就是上漲；陰線代表收盤價低於開盤價，也就是下跌。

▌1 條 K 線，代表 4 種價格

那如果今天看到一根 K 線，不像圖 1 裡的 K 線有特別把四個價格標出來的話，要怎麼判斷上述的四種價格呢？以圖中左邊的陽線舉例，這根 K 線較粗的部分，上下兩端分別代表的就是開盤價與收盤價。

怎麼判斷粗線的上緣或下緣哪個才是開盤價？別忘了前面提到的，陽線代表收盤價高於開盤價，也就是上漲的意思；所以粗線的上緣代表收盤價，粗線的下緣則代表開盤價。

圖1 K線可以表現股市的方向及力道

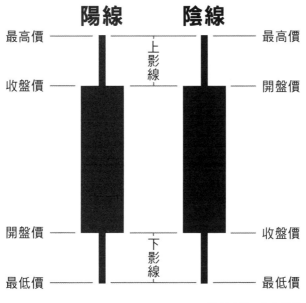

資料來源：作者提供

既然是「上漲」，就表示今天開盤價是在比較低的價位（在粗線下緣），而收盤價的價位則比開盤價高（在粗線上緣），才構成上漲的條件。而上下兩根細細的燈芯部分，可稱為上影線與下影線，分別代表這根 K 線的最高價與最低價。這樣我們就可以透過一條 K 線，理解它所代表的該日、該小時，甚至該分鐘等任何時間點裡的 4 種價格。

　　最後分享一下，歐美是以綠色為代表上漲的陽線 K 棒，而表示下跌的陰線 K 棒，則用紅色代表；在台灣（亞洲國家）卻是相反，紅色 K 棒代表上漲，而綠色 K 棒代表下跌。

　　為什麼會相反呢？有一種說法可以參考，在西方世界，紅色通常代表警戒與危險，所以當某個投資標的正在跌價時，通常不是投資人樂見的，所以當然就亮起紅燈啦。

　　反觀東方文化，紅色幾乎是喜氣的象徵，所以當投資標的上漲時，就會看到一根大紅 K 了。以上說法姑且不論真假，但是不是幫助我們更容易記憶了呢？

　　再來看看圖 2 的十字線。我們可以看到這些十字線不紅也不綠，到底代表上漲還是下跌呢？沒錯，答案很明顯了，就是不漲也不跌。換句話說，就是開盤價等於收盤價，所以留上影線與下影線，沒有任何漲跌幅。

　　相信這樣大家對 K 線應該都有基礎的認識了。

圖2 十字線代表多空力道相近

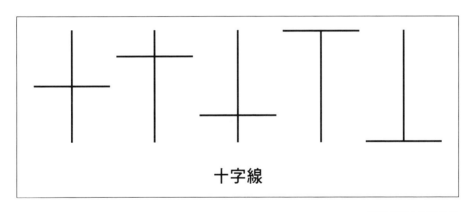

十字線

資料來源：作者提供

移動平均線：判斷趨勢

　　移動平均線，簡稱均線，就是顯示投資人的進場平均成本。想像一下，當你買了一張多單以後，盤勢開始上漲，你手上持有的多單部位正在賺錢，而這段時間在電腦前或用手機盯盤的人們，看到這樣強勢的多方趨勢，也很可能因此下單跟進。但每個人下單的時機與成本皆不同，該如何知道每個人在不同時機點與價位下單的平均成本呢？這正是均線要告訴我們的內容。

▌掌握買進成本，推估投資心態

　　所以，透過看懂均線，即可掌握大家的買進成本，進而推估投資人的心態。先介紹一下均線的原理，以 60MA 為例：如果 MA 前面的數字是 60，就表示無論在任何時區，都是以 60 為單位。

　　例如，若以日線為單位，它顯示的就是近「60 個交易日」的平均收盤價；以 1 小時線為單位，它顯示的就是近「60 個小時」的平均收盤價。如果是 12MA，若以 30 分線為單位，它顯示的就是近「12 個30 分鐘」的平均收盤價，以此類推。所以只要賦予 MA 一個基準數字，就可得到不同時段的平均成本。再來說明均線的使用時機與方法。

　　如前所述，均線就是指某段時間內的平均成本價位。換句話說，只要投資人看到目前 K 棒的價位在均線之上，也就是目前的 K 棒價格是在某段時間內，市場所有人的平均成本之上，那就表示目前的趨勢是呈現多頭的。請見圖 1。

圖1 K 線在60日均線之上為多頭（藍線為60MA）

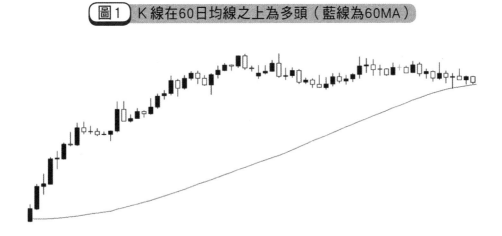

資料來源：外匯投資聖杯團隊

反之，若 K 棒正在均線之下，則表示目前呈現空頭趨勢，例如圖 2。

在掌握這個觀念及原則後，應該使用眾多均線裡的哪一條呢？

▍化繁為簡，一條 60MA 就足夠

一般而言，每條不同的均線皆有不同的判斷基準，投資人可依照自己設定該筆交易的時間長短，選擇不同的均線。

例如，玩短線交易的投資人，通常都會看 5MA、10MA、12MA 等，中長線交易的投資人，大部分會參考 60MA、72MA、120MA，甚至 240MA。當然也有些流派的做法，是利用多條均線來做交叉比對的方式，眾多細節不勝枚舉。

至於我們團隊都是用哪幾條均線呢？就只有 1 條 60MA。盡可能把指標化繁為簡，才能讓更多投資朋友快速上手。

為什麼選擇 60MA 呢？因為以單一貨幣來說，一年內出現所謂的「大波段」（泛指 500 點以上）約 3 至 4 次，平均下來大約一季一次。而 60MA 又稱為季線，也就是說，如果 K 棒一段期間都處於 MA 下方，維持了一段空方趨勢，那麼平均約莫一季左右，又會再回到 MA 上，重新回到多方趨勢。

聖杯戰法講究的是順勢交易，也就是說在一個趨勢來臨時，順著趨勢，盡量吃到整個大波段。正因為要吃整個波段，所以下單前是以中長期趨勢為判斷基準。這就是我們團隊只利用一條 60MA 來判斷趨勢的原因。

圖2　K線在60日均線之下為空頭（藍線為60MA）

資料來源：外匯投資聖杯團隊

KD 指標：找出轉折點

KD 指標，主要用來判斷價格強弱，並從中找出轉折點。

主要是由 K 值與 D 值組成，並藉這兩個 K 值與 D 值的走勢，來判斷是否出現轉折，以及進出場的時機點。一般而言，KD 指標通常會與 MACD 指標搭配使用，MACD 指標適合做波段確認，而 KD 指標則較適合判斷時機點或轉折點。兩者搭配使用，彼此截長補短，使投資人對行情掌握能更精準。

一般認為，KD 指標若上揚，代表價格上揚；反之，指標若下降，則代表著價格下降。這裡要提到一個非常重要的觀念，那就是：「價格是因，KD 指標的走勢是果。」KD 指標是反映價格走勢，而不是帶領著價格的走勢。

舉例來說，假設我們看見 KD 指標上揚，就斷定走勢行情一定會上揚，所以要趕緊下多單，該貨幣就一定會上漲？這樣的做法不能說錯，但也不是完全正確。

▌只看 KD 線的開口，是往上或往下

因為接下來只要有任何無法預測的因素影響，不管是基本面的新聞，還是技術面的價格反映，只要導致價格變化，K 棒就會開始轉折，KD 指標也就會跟著變化。換句話說，KD 指標依舊是在價格之後的，也就是說會隨著 K 棒起舞，有所變化。

圖1 KD 開口方向為判讀重點

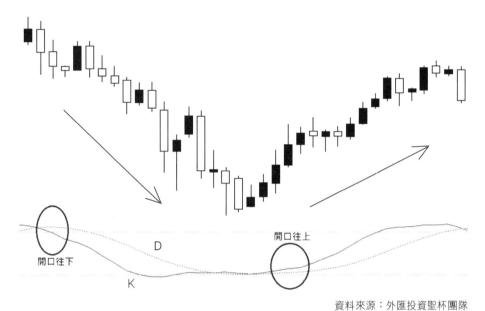

開口往下

開口往上

D

K

資料來源：外匯投資聖杯團隊

這個因果關係是非常重要的觀念，因為太多投資人想靠 KD 指標的轉折點來掌握未來，我們只能說，僅能透過 KD 指標「預測」未來，但這個未來，並不一定會發生。關於 KD 指標的運用，聖杯團隊依舊維持化繁為簡的概念，只看 K 線與 D 線兩條線的「開口」是往上或是往下，來判斷接下來對多方或空方有利。甚至連通常都會跟 KD 指標一起使用的 RSV 指標，我們也是直接刪掉不看的。來看看圖 1，了解如何利用 KD 的開口，判斷盤勢是偏向多或空吧。

左邊圓圈處，我們可以看到 KD 線交叉後，開口偏向下方，也就是盤勢對於空方比較有利，同時也可看到上方的 K 棒，開始一路下殺。再看看右邊圓圈處，KD 線交叉後開口偏向上方，則是盤勢出現轉折，開始對多方比較有利，而對照上方的 K 棒，也是一路飆漲。

看完圖後，有沒有覺得很簡單呢？

▎價格是因，KD 指標的走勢是果

當作範例的這張圖，看起來 K 棒似乎乖乖隨著 KD 指標的方向走，但就像前面提醒的，應該是 K 棒帶領著 KD 指標走，千萬不要搞錯因果關係。所以，KD 指標應該要這樣解釋：若 KD 指標開口向上，對於多方而言，會有較大的上漲空間，對於空方而言，則是反彈的力道較大；若 KD 指標開口往下，對於空方而言，會有較大的下跌空間，對於多方而言，則是回檔的力道較大。希望藉由這樣的分析與介紹，可以讓各位更了解 KD 指標的意義跟運用。

最後，針對 KD 指標的設定，只要設定為 9 就可以了，我們團隊也是這樣設定的。

圖2 KD 指標設定示意圖

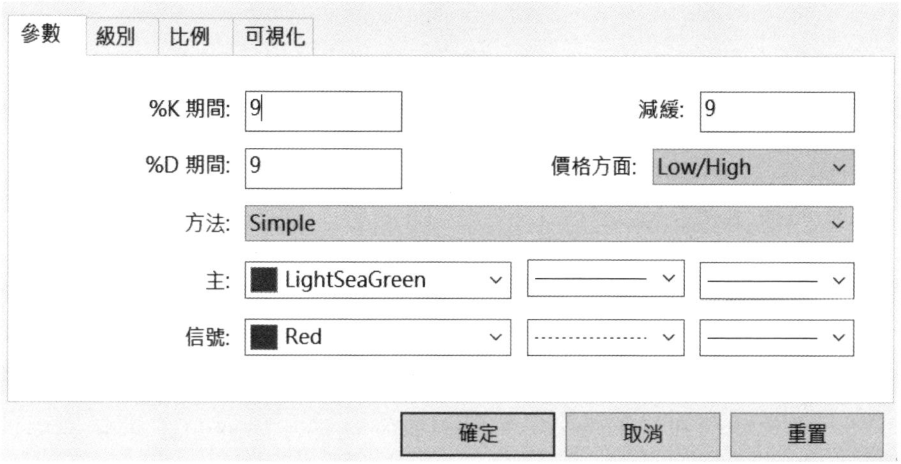

參數　級別　比例　可視化

%K 期間: 9　　　　　　　　　減緩: 9

%D 期間: 9　　　　　　　價格方面: Low/High

方法: Simple

主: ■ LightSeaGreen

信號: ■ Red

確定　　取消　　重置

資料來源：MT5 交易軟體

MACD 指標：判斷趨勢強弱

MACD 指標，主要是用來確定趨勢的強弱，並從中判斷中長期趨勢的走勢。MACD 指標的原理，就是運用兩條速度不同的價格指數平滑移動平均線（EMA）來計算。這兩條 EMA 一快一慢，兩者間的差離狀態則為（DIF），然後再對 DIF 進行一次指數移動平均，得到的結果即為 MACD。

▎研判盤勢價格變化的強度與方向

簡單來說，MACD 指標由一組曲線與圖形組成，透過收盤時股價或指數的快（較短時間）及慢（較長時間），這兩個 EMA 之間的差值所計算出來的。經由這樣的雙重平均處理，可用來研判盤勢價格變化的強度、方向、能量，以及趨勢周期，以便把握建立部位的時機。既然我們知道 EMA 指的是移動平均線，那麼 DIF 則是利用短期 EMA 與長期 EMA 相減得出的，一般使用短期為 12 日，長期為 26 日。而 MACD 線正是把計算出來的 DIF，再取其移動平均值。一般而言，幾乎都是用 DIF 的 9 日移動平均。

好了，說了這麼多，你可能已經覺得複雜，接下來要說的才是你有興趣的，也就是該怎麼使用 MACD 指標？請看圖 1 的 MACD 指標示意圖。

我們可以看到圖中上半部的 K 棒，有著高低起伏的排列，而下面的那條信號線（藍線）以及灰色的柱狀圖，都與 K 棒走勢相呼應。換

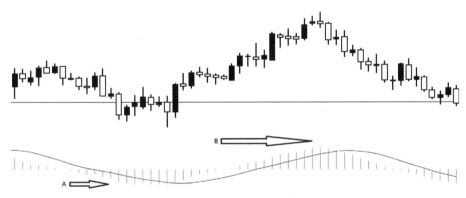

圖 1 MACD 指標圖

最左處灰色柱狀體由高降低，代表多方趨勢強度減弱

資料來源：外匯投資聖杯團隊

句話說，透過 MACD，可以判斷多方趨勢與空方趨勢的強弱與週期。

以圖 1 來說，從最左邊看，可以看到 MACD 的柱狀圖由高處上方慢慢降到低處，柱狀圖正在逐漸萎縮，表示多方趨勢正慢慢減弱。

透過柱狀圖強弱變化，判讀趨勢

當來到圖中箭頭 A 處時便可看到，柱狀圖已改為向下方慢慢成長，表示目前已轉為空方趨勢，並且正漸漸走強；再看到箭頭 B 處，又可發現剛剛比較強勢的空方趨勢，在走了一大段後，已開始逐漸勢微，柱狀圖又開始往上方慢慢成長，輪到多方趨勢再度走強。

經過這樣的解釋，即使前面提到一些較複雜的專業名詞與指標原理，但是只要透過柱狀圖強弱的改變，即可判讀趨勢的興衰，相信大家就會覺得看 MACD 並不難了。

看到這裡，是否有個疑問，圖中的那條藍線怎麼沒特別著墨呢？是的，正如我們一直強調化繁為簡的觀念，那條藍線甚至也可以省略不看了。所以依此原理，可以用另一個由 MACD 衍生出來的指標OSMA，來取代 MACD。可看看圖 2。

有沒有發現，藍線拿掉後，畫面似乎更清爽許多了？而這個沒有藍線的 OSMA 指標，判讀法也跟前面提到的方式一樣，單純看柱狀圖的走勢即可。所以無論你要用 MACD，或是 OSMA 都可以，差異並不會太大。至於 MACD 與 OSMA 這兩個指標的參數應該設定多少呢？只要沿用原設定的 12（快速 EMA）、26（慢速 EMA）、9（MACD SMA）即可，我們團隊也是依此設定操作。

圖2 柱狀體在中線的中線上下方，分別代表多空趨勢

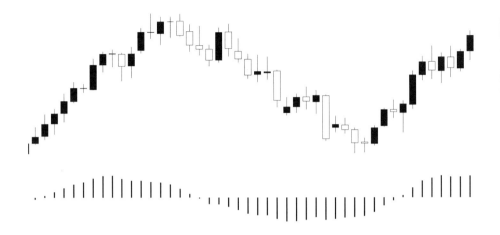

資料來源：外匯投資聖杯團隊

圖3 MACD 設定圖

| 參數 | 級別 | 比例 | 可視化 |

快速EMA: 12　　　　　　　　　　　慢速EMA: 26

MACD 簡單移動平均線: 9

應用到: Close

風格: ▓ LightSeaGreen　　　　　　──────

確定　　取消　　重置

資料來源：MT5 交易軟體

119

布林通道：找到壓力與支撐

「布林通道」是一種結合均線及統計學中的標準差原理，所繪製出的帶狀技術指標，常用來判斷壓力區間的突破與否。布林通道主要是由 3 條軌道線所組成的帶狀通道，上布林線代表價格指數（也就是 K 棒）的壓力線，中布林線代表平均成本，也就是前面章節提到的 MA，下布林線代表價格指數的支撐線。

▌價格指數落在通道內機率超過 95%

也就是說，價格指數一定會落在這三條軌道線的某一端，不是在上布林線的上方，就是在下布林線的下方，不然就是在上布林線與下布林線圍起來的布林通道內。既然知道價格指數一定會落在這三邊的某一邊，只要了解它落在某區間所代表的意義為何？自然就比較能掌握一些原則了。

這邊先給各位看一下布林通道區間的組成設定：

帶狀上限 = 帶狀中心線 +2 個標準差，帶狀中心線 =20 期移動平均線（即 20MA），帶狀下限 = 帶狀中心線 -2 個標準差。請看看這張圖 1 示意圖。

依據標準差的常態分配，距平均值小於一個標準差之內的數值範圍。在常態分布中此範圍（深藍）所占全部比率為 68.2%，兩個標準差（深藍 + 藍）的比率合起來為 95.4%。我們可以知道，上下 2 個標準差涵蓋 95.4% 的 K 線資料。也就是說，如果按照布林通道參數的原

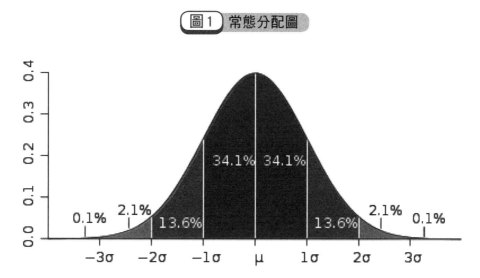

圖1 常態分配圖

1 個標準差涵蓋的比率為 68.2%，2 個標準差涵蓋的比率為 95.4%，透過布林通道的設定，我們可以改變價格指數落在通道外的機率。

資料來源：Cmoney

設定：週期為 20，偏差值為 2，根據此設定，指數落在通道內的機率為 95.4％，也就是只有不到 5％的機率，指數會落在通道外面。

看到這裡，可能會覺得有點複雜，但不用太擔心，我們只要大概知道，布林通道是一種箱型操作的概念即可。因此，我們要從布林通道的箱型操作法，判斷進出場時機。一般布林通道的傳統做法，就是認為大部分的 K 棒會落在布林通道內，極少跑出通道外。所以，當 K 棒碰到下布林線時，就會認為下布林線會是強力的支撐，K 棒不會輕易跑出通道外，也就是 K 棒會開始向上反彈，繼續在通道內，所以可以開始進場做多，等到 K 線碰到上布林線時則出場，甚至開始反手做空。

▌「區間操作」勝率高，但恐錯過大波段

換句話說，布林通道這個指標，就是拿來做「區間操作」的。也就是相信 K 線在「絕大部分」的情況下，不會跑出通道外面（機率高達 95％左右），所以進而把上布林線與下布林線，當作區間操作的壓力跟支撐，在這個通道內反覆操作。

但是「一般」的作法。聖杯團隊的對於布林通道的操作，與一般的操作法完全相反。我們把參數設定改為週期 12，偏差值 1；也就是說指數落在通道內的機率降為 68％左右，而落在通道外面的機率則從 5％，拉高到約 32％。也許你會開始好奇為什麼要這麼做？這麼做，區間操作的勝率不就變低了嗎？

如果要做區間操作，當然不要這樣設定比較好，但正因為我們做的是順勢交易，也就是當 K 線跑出布林通道後，才是建立部位的時候。

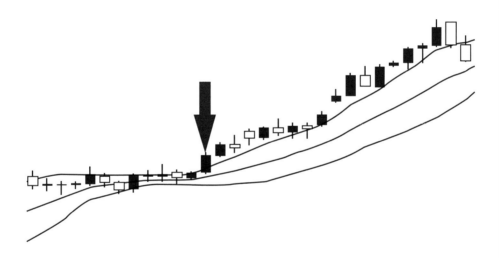

圖2 K線超出布林通道，代表有機會走出大行情

資料來源：外匯投資聖杯團隊

在這種順勢交易的前提下，如果不改參數，照原設定，指數會跑出通道外的機率只有 5％ 不到，實在是太低了……

為了遷就於順勢交易的概念，但又認為布林通道的原理值得保留，所以我們團隊更改參數，選擇指數落在通道面（通道外面）機率高一點的做法。如此一來，我們反而把上布林線跟下布林線當作價格指數突破的訊號。

也就是當 K 線突破了上布林線，這個的機率僅有 32％ 左右的事件發生了，所以我們認為多方趨勢會就此爆發；反之突破下布林線，則是空方趨勢很可能大走一個波段。請看圖 2 的示意圖

圖中藍色箭頭處，正是 K 棒剛突破上布林線的時機點。

我們可以看到 K 線自此一路往上，過程中即使多空雙方你來我，但是空方攻勢皆無法突破上布林線，順利走進布林通道，直至最後一天才殺進通道。

因為聖杯團隊是以順勢操作為最高原則，所以我們跟一般的布林通道的使用法相反，操作的波段是上布林線上方的上漲趨勢，以及在下布林線下方的下跌趨勢。

這在機率上當然比 K 線留在布林通道內的機率小很多，但是若行情噴發，往往一發不可收拾。

這樣翻轉布林通道原本概念的做法，是否覺得很有意思呢？

圖3 布林通道設定圖

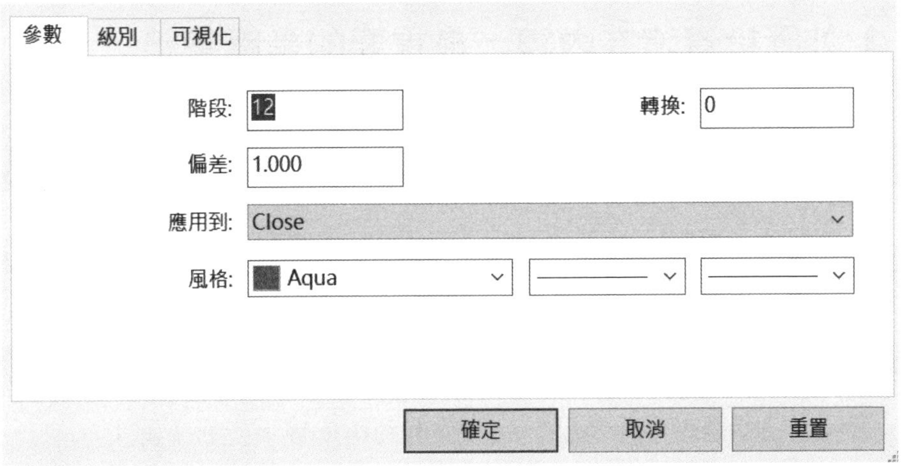

參數	級別	可視化

階段: 12　　　　　　　　轉換: 0

偏差: 1.000

應用到: Close

風格: ■ Aqua

確定　　取消　　重置

資料來源：MT5 交易軟體

趨勢線：最直覺的分析工具

　　在股票市場有一句名言：千線萬線，不如一條電話線。這看似開玩笑的一句話，卻赤裸裸地揭露了股票市場其中不為人知黑暗的一面，掌握內線消息的投資者，總是可以成為市場中的贏家（當然，內線交易是違法的）。

▌外匯投資沒有內線，最重要的是趨勢線

　　然而在交易量巨大的外匯市場中，幾乎不存在內線交易，一切只能依靠自己的研究與分析。因此在外匯市場中，這句話應該改寫為：千線萬線，不如一條「趨勢線」。是的，在技術分析中，如果只能留下一樣分析工具，那麼毫無疑問地，筆者絕對會選擇——趨勢線。

　　趨勢線的原理，是在 K 線圖中，將某些關鍵的價格點位連線，接著利用這些連線來作為壓力或支撐的判斷依據。先看下圖 1：

　　從圖中可以很明顯地看出，5～7月這段時間，紐幣是多頭走勢，目前處於「多方趨勢」。讀者可以試想一下，在這段走勢當中，如果手上有多單部位，何時應該出場獲利了結呢？這個時候就可以使用趨勢線判斷了。請看圖 2：

　　在圖 2 中，將這段多方走勢中，兩個曾經的價格低點（如圖中兩個圓圈）連線，就可以畫出這段多方趨勢中的「上升趨勢線」，用來

圖1 2017 年 2 月 ~7 月紐幣（NZD／USD）日線圖

資料來源：MT4 交易軟體

圖2 畫出趨勢線

資料來源：MT4 交易軟體

作為這段多方趨勢中的「支撐線」。未來價格若跌破這個支撐，那麼多方趨勢便可能隨之結束，可以考慮出場獲利了結。

我們可以從下圖3看出，紐幣在跌破支撐線後，接下來趨勢反轉，變成空方趨勢。

在上面的例子中，是否學會趨勢線的畫法與用途了呢？是的，趨勢線就是這麼的簡單、直覺、好用，在技術分析中，它可以幫我們判斷趨勢是否依然存在，或是已經改變，便可以做出與之相對應的決策。看完本章對趨勢線的介紹之後，大家可以試著自己叫出線圖，開始練習畫看看吧。

圖3 紐幣跌破支撐線後趨勢反轉

資料來源：MT4 交易軟體

上一章介紹了趨勢線可以幫我們判斷趨勢是否依然存在，以及決定出場時機。而在本章，我們將介紹趨勢線的另一個用途——決定進場時機。

在實務操作上，順勢交易者最討厭的盤，就是所謂的「盤整盤」，在盤整當下，很容易遇到進場做多就反跌、進場做空就反漲的窘境。因此我們在操作上會盡量傾向一個準則，叫做「突破才做」。

畫出趨勢線，突破整理區間再進場

這四個字相信大家都不陌生，然而，如何定義所謂的「突破」呢？

下面就來分享兩種常見的盤整型態，以及如何利用趨勢線來界定突破，這兩種盤整型態為：水平整理區間以及三角收斂區間。先來看圖 1。

從圖 1 中，可以看見日圓在年初大噴一段回落之後，便走了一段相當長的整理期。若我們從 4 ～ 10 月，劃出兩條水平的趨勢線，就可以很明顯看出水平整理區間了，如圖 2。

圖1 2012 年美日兌日線圖

資料來源：MT4 交易軟體

圖2 水平整理區間

資料來源：MT4 交易軟體

而接下來的進場時機怎麼選擇，相信讀者已經發現了，沒錯！就是等待 K 棒突破水平整理區間之後，再行進場。而在這個範例中，如果耐心等到突破才做，會得到什麼結果呢？不妨來看看下面的圖 3 吧。

水平整理區間的進場時機判斷，就是這麼簡單，唯一需要的，就是耐心等待。

▍突破區間，將伴隨一大段噴出行情

而另外一個常見的盤整型態和水平整理區間類似，它叫做三角收斂，也有人稱之為三角旗型整理。其特色就是 K 棒盤整的幅度，會隨著時間越來越小，若將上下緣兩條趨勢線畫出來，看起來就像是一面小小的三角旗，故此得名。來看看圖 4 的範例。

從圖中，我們可以看到美日兌從 2014 年 1 月到 7 月，走的就是一個很典型的三角收斂區間。如果看不出來的話，那麼看看下圖 5。

圖3 水平整理區間突破之後，美日兌大噴近 2,300 點（在 11 月中，我們可以看到比較明顯的突破點）

資料來源：MT4 交易軟體

圖4 2013 年 10 月～2014 年 7 月 美日兌日線圖

資料來源：MT4 交易軟體

是否看到一個明顯的三角形了呢？而接下來的進場時機點，則和水平整理區間案例一樣，都是等待 K 棒突破整理區間後再進場。而這波突破之後的美日走勢，則如圖 6 所示。

在我們實務操作經驗中，水平整理區間和三角收斂區間出現的機率都不算高，因為這兩種整理型態，都需要很長一段時間醞釀。所以一旦出現時，就代表後續的盤勢有很大的機會噴出一段。因此在未來的某一天，讀者如果發現其中一種型態的進場時機點，千萬不要猶豫，把握機會派出你的前鋒部位吧。

圖5　三角收斂區間

資料來源：MT4 交易軟體

圖6　三角收斂區間突破之後，美日兌大噴近 1,900 點（比較明顯的突破點出現在 2014 年 8 月）

資料來源：MT4 交易軟體

型態學之 W 底與 M 頭：買進與賣出訊號

W 底與 M 頭這兩個名詞，大家應該都很常聽到，在技術分析裡面，是屬於型態學的一種視圖判別法。所謂的型態學，指的就是透過價格走勢所呈現的圖型，推測未來盤勢的走向。

以 W 底與 M 頭的圖型來說，W 底是買進的訊號，而 M 頭則是賣出的訊號。我們來看看圖 1 的 W 底範例圖。

在圖 1 這一堆密密麻麻的 K 棒中，你會發現這些排列組合，很像某個英文字母。沒錯，就是英文字母 W。看看藍線的 W 處，有沒有發現 K 線的排列組合，還真的形成一個類似 W 的形狀，這就是剛剛提到的 W 底。

W 底指的是當價格指數往下跌了一段時間後，在即將連續上漲前會呈現的圖型，此為買進訊號（可以準備做多的訊號）。

▌突破頸線後，趨勢開始大漲噴出

我們看沿著 W 字型的 K 棒，很明顯的先下跌了一段到第一谷底，打好了第一隻腳（左腳）後，接著一個小反彈；然後又開始下跌到第二谷底，順便打好第二隻腳（右腳），接著又開始反彈。

在這個 W 底的中間折返點（反彈點），如圖中這樣劃一道橫線過去，這就是常說的頸線。當第二次的反彈突破頸線後，就會看到像圖中藍色箭頭所示，K 棒一路向上噴出，多方趨勢正式開跑。

圖1 W 底示意圖，是否突破頸線為重要判斷依據

頸線

資料來源：外匯投資聖杯團隊

這裡有一個重點，就是 K 棒的反彈，一定要等到突破頸線後，趨勢才會開始大漲噴出。如果 K 棒漲到一定程度但還沒過頸線，屆時頸線就會是一道很強的壓力，當 K 棒突破不了頸線的話，很可能會繼續往下打出第三隻腳或第四隻腳，甚至擺出蜈蚣陣來混淆投資人。再來看看圖 2 的 M 頭範例圖。

同樣可在一片密密麻麻的 K 線裡，找出有個類似 M 字的排列圖形，這就是所謂的 M 頭。M 頭指的是，當價格指數向上攀爬了一段時間後，在即將連續下跌前會呈現的圖型，此為賣出訊號（可以準備做空的訊號）。

沿著 M 字型的 K 棒看，會發現跟剛剛的 W 底，幾乎是相反的圖形。也就是先小漲一波，接著空方續殺，形成第一個頂點（左肩），接著又小漲一波，然後再度下殺，形成第二個頂點（右肩）。

▌跌破頸線後，將大走一波空方趨勢

一樣從反彈點劃一道頸線貫穿後，只要 K 棒開始向下跌破頸線，就會看到如圖中藍色箭頭呈現的一樣，K 棒一路往下，大走一波空方趨勢。這就是形態學裡的 W 底與 M 頭，各位看完以後，是不是覺得只要看看 K 線像不像 W 或 M，就可預測盤勢未來的漲跌，投資是不是變得比較簡單呢？

其實型態學只是一種判斷方式而已，就跟前面提到的觀念一樣，技術指標無法百分之百預知未來。各位可以使用前面的四個指標，也就是聖杯團隊所說的「四分判斷法」，再加上型態學的觀念一併參考，並且交叉比對，從中找出漂亮的進場時機點。

圖2 M 頭示意圖，跌破頸線，有機會走出空方趨勢

頸線

資料來源：外匯投資聖杯團隊

形態學之頭肩頂與頭肩底：
頭部與底部訊號

延續上一章節提到的 W 底與 M 頭，這章要跟各位分享型態學裡的另一種視圖判別法：頭肩頂與頭肩底。

頭肩頂與頭肩底，跟 W 底與 M 頭兩種型態有點類似，但不同的是，這兩種型態只有在大多頭以及大空頭趨勢出現時，比較有實際意義。

那到底什麼是頭肩頂呢？ 這種型態通常會發生在多頭趨勢的高檔。是由一個頭部以及兩個肩部（左右各一個肩膀）所組成，而頭部的高度會高於兩邊的肩膀。我們可看看圖 1 的頭肩頂示意圖。

藍線所勾勒的圖形，像是好幾個 M 頭峰峰相連，而中間最高的地方，就像是一個人形的頭部，左右兩邊略低的三角形高點，就像是頭旁邊的兩個肩膀。

從最左邊往右看，可以看到當 K 棒上漲到一定程度後，接著開始下跌，形成一個左肩的形狀，然後又繼續往上攀升到最高點，接著再度下跌，進而形成頭部的形狀；這時候若再攀升一段並繼續下跌，也就是形成右肩的形狀後，此時我們要特別注意，頭肩頂型態已經形成了。

圖1 頭肩頂示意圖 跌破頸線後，將有機會出現大空頭走勢

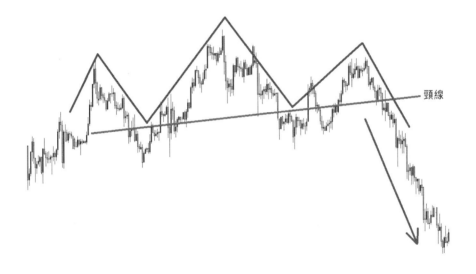

頸線

資料來源：外匯投資聖杯團隊

再來只要 K 棒再繼續下跌，並且一樣跌破頸線，將非常可能走一大段空方趨勢，所以此時就是非常好的賣出（做空）訊號。再來看看圖 2 的頭肩底示意圖。

　　至於頭肩底呢，通常發生在空頭趨勢的低檔。一樣是由一個頭部以及兩個肩部（左右各一個肩膀）所組成，但頭部的高度會低於兩邊的肩膀。

　　圖中藍線的圖形，幾乎就是頭肩頂上下相反而已。

　　所以出現這樣的型態後，只要等待 K 棒向上突破頸線，接下來極有可能走一大波多方趨勢，此時就是非常好的買進（做多）訊號。

　　這裡要提醒各位投資人，無論是頭肩頂或頭肩底的型態，最佳進場時機在於 K 棒是否突破頸線或是跌破頸線，這是極重要的判斷關鍵，希望各位能謹記並活用。

圖2 頭肩底示意圖 是否突破頸線為重要觀察指標

頸線

資料來源：外匯投資聖杯團隊

第七章

兩種簡易投資策略

區間交易：賺小賠大

市場上充斥著各種投資流派，令人眼花撩亂，但若大刀一砍，概括分為兩類的話，不外乎就是區間交易與順勢交易兩種。

何謂區間交易呢？顧名思義，就是在某段區間裡交易。

一般而言，區間交易的觀念，就是認為 K 棒大多數的時間會處在一個價格區間帶裡，會突破此區間帶的機率極低。可看看圖 1。

透過此圖可以發現，幾乎大部分的 K 棒，都無法突破上下兩條藍線所構成的區間帶。偶爾有幾根 K 棒突破重圍，殺出區間帶，但沒多久，就又會乖乖地跑回區間裡面了。

▌K 棒突破區間機率低，勝率極高

所以許多區間交易者，會使用類似布林通道這種類型的指標，或是畫出各種趨勢圖，主要就是想看出這些 K 棒的排列組合，是不是被壓縮在某個區間裡。

那 K 棒壓縮在區間裡，到底有什麼好處呢？一起來看看圖 2 吧。

看到這些藍色圈圈，你是否了解了？沒錯，這些藍色圈圈處，正是進出場的時機點。正因為大部分情況下，K 棒不會跑出區間，所以當 K 棒碰到下面的黑線時（此時黑線可視為支撐線），大部分都會反彈開始往上走，所以只要 K 棒碰支撐線，就進場做多單。

圖1 找到價格區間

資料來源：外匯投資聖杯團隊

而當 K 棒碰上面的黑線時（此時黑線可視為壓力線），就讓剛剛進場的多單出場，獲利了結。接著，因為當 K 棒碰到上面的壓力線，也很可能不會突破區間帶，所以甚至可以開始反手做空單，持續等待 K 棒去碰下面的支撐線，再度獲利了結，甚至反手再做多單，周而復始。似乎只要依此原則操作，勝率就會極高。區間交易聽起來很完美，難道真的沒有缺點嗎？

▎一旦突破區間，交易者恐面臨大賠

其實每個策略都有優缺點，或說每個策略都有其適合使用的盤勢，以及不適合使用的盤勢。

區間交易最大的優勢，就是大部分情況下勝率極高，但唯一的缺點，也是最嚴重的致命傷，則是若盤勢出現大波段，趨勢一去不回頭時，即 K 棒已經遠遠突破區間帶，那麼區間交易者可能瀕臨慘賠、爆倉，甚至破產的命運。

因為區間交易者認為 K 棒總是規律地進行，並習慣從區間帶中反覆套利，當哪天 K 棒突破區間了，根據區間交易者之前的經驗，會認為 K 棒不久就會回到區間帶了，所以不會設停損，而是等 K 棒回來。因為如果設停損，每次 K 棒一破區間帶後掃到停損，然後就又回到區間帶裡。這樣反覆賠了幾次，就會開始覺得不設停損沒事，設停損反而會賠錢。

但試想一下，如果 K 棒不回區間裡了，那麼虧損可能會一直增加，直到悲劇發生為止。看完本章節，你覺得區間交易如何呢？

圖2 在價格區間內低買高賣

資料來源：外匯投資聖杯團隊

順勢交易：賺大賠小

　　延續上一章的區間交易，這一章節我們來了解何謂順勢交易。順勢交易，顧名思義就是順著趨勢交易，所以如果某個貨幣的盤勢沒有明顯趨勢，一直都在盤整，那麼就不會是順勢交易者的主戰場。我們可看看這張圖1。

　　我們可以看到圖裡左半邊的許多K棒，大部分都還是落於兩條藍線組成的區間帶，雖然也有突破區間帶的情況，而且突破區間帶的K棒數量，比起上一章節的區間交易線圖來說，比例上還要更多了一些。但是當我們看到圖的右半部，會發現一個驚人的情況，那就是有一段急轉直下的下行波段開始展開。

▌瞄準大波段，從中獲利

　　這就是前面提到的區間交易最怕遇到的狀況，這種一去不回頭的大波段，正是順勢交易者最喜歡的狀況。那順勢交易者，在這種大波段是如何獲利的呢？我們來看看圖2就會更清楚。

　　我們可以從左邊的1號藍圈處開始看，會發現K棒突破了上方的壓力線，開始衝出區間往上走，但似乎力道不強，漲了一小段後，又跌回了區間帶裡。

　　過了一陣後，K棒來到了圖2號藍圈處，這次轉為跌破下方支撐線，開始走出區間帶往下殺，但沒多久又回到區間帶裡。

圖1 不理會區間內的正常變動

資料來源：外匯投資聖杯團隊

接下來的 3 號藍圈、4 號藍圈、5 號藍圈也都是類似的狀況，但是等到 6 號藍圈處的時候，就會發現空方波段開始一發不可收拾，整個空方趨勢成形。

大賺小賠，讓投資績效達標

看完這段敘述，可以完全了解，順勢交易就是跟區間交易完全相反的操作。區間交易針對絕大部分的常態走勢，所以勝率當然比較高；而順勢交易瞄準的則是難得的大波段，即使過程中可能遭遇幾度真心換絕情，遇到各種假突破與騙線，但依舊要相信大波段會來臨，因為大波段必定會來到，只是機率問題而已。

而在真實的盤勢裡，的確每個單一貨幣的盤勢裡，每年都會有幾個大波段。

例如 2014 年的歐元降息加 QE，導致當年歐美兌線圖大跌 3,000 點；2015 年日本央行行長黑田東彥宣布擴大 QE，那段時間美日兌線圖漲了 1,000 點；2016 年川普當選，當天美日兌也是一度破底，但收盤時最後破底翻，並且那段期間也大漲了近 1,000 點；2016 年底更是有川普與金正恩的「桌上飛彈按鈕競賽」，那段期間黃金也是大走一波。

所以，順勢交易的方式，雖然比起區間交易勝率較低，面對的挫折跟心魔也比較多，但若操作得好，比較有機會透過大賺小賠的觀念，讓投資績效達到正期望值。看完這篇，你覺得順勢交易如何呢？

下一章節，會跟大家分享兩種策略的優缺點與如何選擇。

圖2 順勢交易是等待大行情來臨

資料來源：外匯投資聖杯團隊

兩種策略的優缺點與選擇

這個章節為大家分析區間交易與順勢交易的優缺點,並且該如何選擇。

我們先來看區間交易最大的優點,就是勝率極高。因為以一般的盤勢來說,的確高達七成的時間都是在盤整,所以對於區間交易的操作方式而言,進出場的機率與勝率也都比較高。對於某些人而言,可以比較享受操盤的感覺。

至於缺點呢,除了前面章節提到的,大波段來臨時會比較吃虧以外,還有其一點值得注意。來看看圖1。

我們可看到藍圈處,幾乎都是碰到了支撐線與壓力線,但是再看看黑圈處可以發現,並不是每次碰到支撐線或壓力線時,K棒就會乖乖地往反方向奔馳到區間的另一端,做最完美的獲利了結。

各位可以跟區間交易那章節的圖相比,就可看出差異。

▍區間交易勝率高,但完美機會點少

這告訴我們,雖然區間交易的勝率較高,但真正完全漂亮的時機點,其實也不多。所以我們來為區間交易模式做個總結,整體來說勝率較高,但非常確定的時機點並非想像中的多,想用此模式大幅獲利,必須大量下單,累積小筆利潤才能做到。唯一的缺點是,當趨勢來臨時,可能會面臨巨大虧損。

圖1 不斷的交易以累積財富

資料來源：外匯投資聖杯團隊

圖2 兩種交易方式，你選何者？

頻率

300次交易
200次勝利

3次交易
2次勝利

多做多錯 少做少錯 抓住機會 絕不放過

資料來源：外匯投資聖杯團隊

再來分析順勢交易模式，如上一章節所說，順勢交易可以說是區間交易的反向操作。當盤勢一直在區間裡盤整時，順勢交易者會輕鬆等待進場時機，可以忙自己的工作，副業或是興趣；但是當看到突破訊號後，就要準備進場，以免錯過難得的大波段。

我們可看看圖2的舉例就會更了解順勢交易的優勢。

如果有兩家全球知名的華爾街投顧公司想聘你為交易員，藍色公司開給你的條件是年薪一千萬美金，績效另計，但一年內至少要做300次交易，並且贏得200次勝利；而另一間灰色公司也開給你相同的薪資福利條件，但一年只要你做3次交易，並且贏得2次勝利，請問，你會想選擇哪一家呢？

順勢交易勝率低，把單子留到最後更難

一般人一定會選藍色公司，灰色公司說交易3次就要贏2次，壓力多大啊！這段話乍聽之下很有道理，但仔細思考一下，紅色公司所開的條件，其實就是「3次要贏2次」的壓力，要持續100回合，不然勝率也不會達到2／3。

這就是我們想強調的順勢交易的最大優勢，多做多錯、少做少錯；抓住機會，絕不放過。

聽起來好像很棒，但順勢交易有個大缺點，那就是勝率不高。為什麼呢？因為順勢交易就是針對盤勢出現大波段，從中得到獲利的操作方式，但既然稱之為大波段，那就表示不是常態。所以很多一心想成為順勢交易者的投資朋友，總是不停地等待趨勢的到來，也不斷失

望透頂。

順勢交易的殘酷還不只這樣，除了大波段不知何時會來以外，即使真的來了，也進場了，但過程中可不會每天一根大紅棒給你信心與安慰，總是會回拉一下，反彈一波，又再度飆高，硬是把順勢交易者的信心洗了幾輪三溫暖。

就算老天眷顧，每天都收紅棒大漲好了，原本自認為是順勢交易者的投資朋友，也可能擔心是否「漲過頭了」，而趕緊離場，獲利了結。最後發現自己離場後，盤勢還持續噴發，一路不回頭，留下懊悔的自己。

看完這段，可以知道，順勢交易真正困難的地方，不是像區間交易那樣要抓轉折點，並且大量進出場，而是難在如何保有一顆信心，把單子可以放到波段的最後，跟波段共存，並且還可以一路加碼，大獲全勝。

所以，如果對順勢交易做個總結，那就是想吃大波段獲利的過程中，絕對非常折磨人心，如果可以有紀律地操作與執行，等到波段真的來臨，並且緊緊抓住，獲利會非常驚人。

只要照一定的邏輯與操作，看錯盤勢頂多小賠出場，抓到波段就大賺，長期下來就會打造正期望值，而不是汲汲營營於短線獲利，既付出大量時間，操作不好甚至更賠上金錢。

對於一般小資族或上班族而言，我們認為順勢交易的中長線操作型態，會比區間交易更適合他們。

第八章

進階交易策略分析

認識投資結果四象限

接下來的這幾個章節，要跟大家分享交易心態面的觀念與心法，也許有些朋友會覺得交易心態這樣的命題，似乎太虛無飄渺，太難以實際掌握，也因此不得其門而入，於是開始忽略「練心」的必要性。但我們還是要苦口婆心叮嚀，技術指標的運用有限，要在殘酷的投資場上存活下來，還是得用良好的心態面對各種盤勢變化，並且知道如何祭出對策。

其實，所謂的交易心態，就好像小說裡面武林高手的內功，當一位武林高手擁有深厚的內功，即可折枝為劍、彈指如弓，甚至學其他武功，都可以更快參悟其中奧秘。

即使與擁有相同武功的敵人對決時，雖然兩者都用一樣的招式，但內力深厚者，勝算往往高出許多。這就是內功，也就是交易心態的重要性。

▌透過訓練控制情緒，才能減少犯錯

良好的交易心態能幫助投資人更快掌握投資商品的特性、波動性，以及快速定位出自己的風險承受度，並且坦然面對這個投資市場。這樣比喻，就知道交易心態在投資方式裡是多麼的重要，開始來修習這門重要的內功心法吧！我們先來看圖1這張心態自我檢視圖。這張圖主要是想讓大家了解，只要是有七情六慾的正常人，答案不可能全部都是否定的。

圖1 投資者的自我檢視

1 我的抗壓性很差，遇到挫折，我的心情常常大受影響
2 投資一天大賺或大賠幾十萬元，會影響到我的心情
3 如果明天我的投資本錢全部虧光，我的生活會很難過
4 我現在的生活，必須要有一份穩定的工作支撐
5 我平常投資操作，大多是靠感覺在下單
6 我很喜歡享受交易的感覺，天天殺進殺出
7 我認為漲多必跌、跌深必漲
8 我認為獲利了結，比停損認賠簡單多了

**若以上的問題，您全部是否定的，那麼您有機會成為一個
全職操盤人！**

資料來源：外匯投資聖杯團隊

那如果答案不是全都否定，是不是就無法成為一個全職操盤人呢？當然不是的，只要受過訓練，並且養成良好心態與習慣，依舊可以在投資場上活躍。

再來，我們要認清一個事實。

所有的投資人拿著血汗錢、存款、年終獎金等資金進場投資，目的為何？當然就是賺錢。每個人都是為了賺錢，才進場投資的。

但外匯市場是零和遊戲（Zero-sum Game）的市場，看看圖 2 就很清楚。換句話說，有人贏錢，一定就有人賠錢，這是改變不了的事實。

▎學習讓獲利盡量增加，虧損減少

既然沒有人想輸錢，但場上一定會有輸家，有什麼方式可以讓自己絕對不會輸錢呢？

很遺憾，沒有這樣的方法，至少我目前為止還沒看過。除了詐騙之外……

所以我們必須正視一個問題，投資就是有賺有賠；賠錢，就只是交易裡的一環，再正常不過了。

這道理或許大家都懂，但許多投資人即使都知道這點，還是想當一個百戰百勝的呂布，永遠不想輸錢。

這世上真有呂布嗎？ 投資場上真有人生平未嘗一敗，百戰百勝嗎？這問題的答案，再簡單不過了。

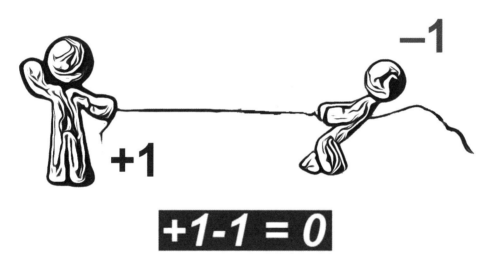

圖2 外匯市場是零和遊戲

資料來源：作者提供

所以，正式進場投資之前，請把賠錢當成投資結果的一環。

既然閃也閃不掉，躲也躲不開，該做的，就是要想想看有什麼辦法，可以在賠錢的時候賠少一點，盡可能逢凶化吉，趨吉避凶。

反過來說，如果賺錢也是投資的一環，那麼我們應該想的是，如何讓賺錢的時候多賺一點，盡可能擴大獲利。

再來我們可看看圖3，在圖中這四個象限，顯示投資的四個結果。接下來我們思考一下，如果可以的話，你想把哪個結果先刪掉？我想，應該所有人都會優先選擇把「大賠」刪去吧。

接下來繼續思考，該如何做，才能確保不會大賠？答案應該有下列三個：

1. 不要進場（不投資就沒有輸贏，四個象限的結果都跟我無關）

2. 穩賺不賠（找到傳說中的神奇指標，永遠都是大賺與小賺，勝率 100％）

3. 小賠就砍（設好停損，看錯就砍，當機立斷，不凹單、不賭運氣，以免出現更大虧損）

想避免「大賠」，一定要懂得停損

以上這三點，如果想繼續投資的話，2 跟 3 哪一點會比較容易做到？當我們認清事實，不想遇到大賠的前提就是：當浮虧到一個程度時，務必先砍單，只要嚴格執行，就結果論來說，我們就是把「大賠」這個結果刪掉了。

圖3 投資，只有四種結果，先要去掉大賠的機會

資料來源：外匯投資聖杯團隊

當把大賠拿掉後，剩下的三個結果則是大賺、小賺與小賠，我相信所有人都希望接下來都可以大賺，而且次數與金額越多越好，但其實事實是很殘酷的，一般人都很難做到「大賺」這點，不是因為盤勢不給機會沒有大波段，或是判斷盤勢的方法不夠準確，而是每次「只要小賺，就會想趕快出場」的這種操作習慣，所導致的結果。

當習慣這樣的操作後，無形中，我們也把「大賺」這個結果刪掉了。接下來，我們來看看圖 4。

▎想發大財，就甩掉賺小錢的思維

在把大賠與大賺兩個結果刪掉後的局面，就是不停重複小賺、小賠這兩個結果，如果只剩下這兩個結果，那麼也就會變成投資場上的小老百姓，每天只想發大財（大賺），但卻總是領一般的月薪（小賺）。

為什麼呢？因為夢想著發大財的你，用著千篇一律的方式賺小錢，但卻期待會有賺大錢的結果。

用個簡單的比喻，就是一個領著微薄月薪的上班族，每天夢想可以中樂透，但卻連一張樂透也沒買……

換句話說，在你慣用的投資方式與邏輯，一定要植入有機會大筆獲利的因子，才能確保在往後的投資場上，有能夠大賺的機會。

看到這裡，你可以回頭看看自己的操作方式，是不是在不敢冒險、不敢承受風險的過程中，把可能大賺的機會推出門外了？

圖4 一般人的投資習慣，往往連大賺的機會也剔除了

不停輪迴，變成交易場上的公務員 ...

想大賺，除非下單海量＋勝率極高 ...

資料來源：外匯投資聖杯團隊

基本面與技術面的迷思

　　在我們一路研究外匯投資，以及開始外匯教學以來，被問過許多問題。在眾多問題中，有一個問題被詢問的次數絕對可以排進前三名，就是「基本面好用，還是技術面好用？」在回答之前，必須先讓大家對於兩者有基本的認識，再來剖析其中的迷思與優劣。先看看圖 1，簡單了解兩者的差異。一般而言，基本面的分析，主要是看各項經濟相關的數據。例如美國的非農數據、各國的利率決議、CPI（消費者物價指數）、失業率等，甚至還進一步分析該國的經濟政策，以及國家之間的經濟合作協議與問題，例如中美貿易戰。

▌兩派各有所長，不是一定對立

　　利用基本面找出投資方向的人，他們會覺得秀才不出門，能知天下事。何必每天盯著紅綠色的 K 棒，研究那麼多的技術指標，搞了半天也無法預測未來。只要能掌握該國經濟的狀況，就可以大概得知貨幣的走勢，進而做出判斷。但技術面的信奉者，可能不會這麼想。他們會覺得每天研究這麼多經濟數據，每天讀一大堆專業名詞，先別說能不能消化了，即使都看懂了，做出判斷後開始進場下單，也不是百分百穩賺，那何必學那麼多艱澀的經濟相關知識？

　　盤中自有顏如玉，盤中自有黃金屋！技術面的信奉者會認為，市場上所有的消息，最終都會反映在價格上，換句話說，盤勢，涵蓋了投資宇宙裡一切所有的奧秘。所以，只要設法看清盤勢，試圖透過某些技術指標，找出其中多空輪迴的規則，就有機會可以從中獲利。

圖1 基本面分析與技術面分析的比較

基本面	技術面
・較適合長期投資	・較適合短中期投資
・複雜度較高	・複雜度較低
・進出場依據較多元	・進出場依據較單一
・以各種經濟數據為主	・以技術指標與線圖為主

資料來源：外匯投資聖杯團隊

技術面能有依據掌握進出場時機

以上兩邊陣營的認知與理念，你覺得哪邊比較有道理呢？就我們團隊而言，並不會完全向某一種方式靠攏，但我們會建議投資朋友，最好以技術面為主，基本面為輔。理由是什麼呢？我們先看看圖2。技術面為主的好處，是在進出場時機的掌握，以及資金控管上比較有依據。也就是只要進場時有理由，出場時也一定有理由，出場的理由就是：進場的理由消失。透過技術指標決定進出場時機，某種程度來說會比較死板，比較沒有彈性。但我們就是要這種很確定的時機，來當作進場或停損的依據。同樣的，技術面也比較有依據掌握加碼與減碼時機。比起有些以基本面操作的投資人，有時因為一時的浮盈或浮虧，給自己太多的空間，最後造成不可收拾的後果。

想賺整個大波段，基本面加持不可少

例如，透過基本面分析看好未來美元3年的走勢，於是開始布局多單；但在這3年期間，如果下跌到一個程度，雖然內心有點恐懼，但當初看好的「3年時間」未到，也就是尚未到分出勝負的時機，還不能確定自己看錯，所以可能會持續把部位放著。如果到期後，美元有升上來，當然是最好；但若美元持續一蹶不振呢？如果沒設停損，放到最後，3年後的虧損可能會讓人灰心至極。

基本面雖然有缺乏明確的進出場依據這項缺點，還是有其價值所在。例如，在外匯市場裡，如果現大波段，通常都是因為基本面的重大影響，導致盤勢持續強勢的上升或下跌，並且延續一大段時間。所以要做好順勢交易，吃完整個波段，基本面的力量也是不可或缺的。某種程度來說，基本面就像是東風，盡人事做好準備後，就等待起風的加持。所以我們才會建議，以技術面為主，基本面為輔，而不是只能在二者擇其一。先利用技術面找出明確的進出場時機點，資金控管先行，再來看盤勢後勢如何，等待基本面的強大加持，再透過部位調控，長線抱住部位並且一路加碼，完成整個順勢交易過程。

圖2 技術面為主，基本面為輔

當機立斷，斷然處置

順勢加碼，逆勢減碼

停損有限，獲利無限

資料來源：外匯投資聖杯團隊

長線交易與短線交易的差異

　　長線交易好，還是短線交易好？ 這是許多投資朋友心中的大哉問，也是我們這幾年來各方學員與粉絲問題的前三名。我們一樣先保持中立，對這兩種方式做分析，再來看看哪種方式適合你。

　　一般而言，採取長線交易的作法，進場下單的機會比較少，因為看的是較長遠的局勢。換句話說，也就是以掌握大波段為前提的進場策略。因為大行情、大波段，並不是天天都會出現， 所以對長線交易者而言，進場的機會並不會太多。但對於短線投資人而言，久久下一次單，幾乎是要他們的命。

▎短線交易，須頻繁進出場提高獲利

　　我剛接觸外匯時，也曾經有過一段廢寢忘食，每天看盤看到捨不得睡覺的階段。因為外匯市場 24 小時都在交易，比起其他投資商品，似乎多了許多可以進場的機會。所以對於喜歡盯盤、每分每秒都在找進場時機點的投資人，長線交易的方式會讓他們覺得非常痛苦，手癢難止。而短線交易想要達到好績效，就是盡量找出許多不錯的時機點，透過大量進出場，累積獲利。換句話說，短線交易者會盡量挑選短時區當主要戰場，甚至看到 1 分鐘線的線圖。為什麼呢？

　　因為在同一段時間裡，如果切到越短的時區看，K 棒數量就會越多；而 K 棒越多，就會有越多排列組合，那麼會更有利於區間交易找出進場時機點。我們看下列兩張圖，會更清楚這個概念，先看圖 1。

圖1 用日線操作，五天只有五根Ｋ棒

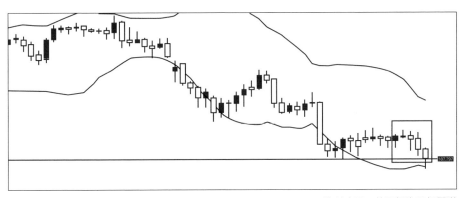

資料來源：外匯投資聖杯團隊

左上角有顯示，這是 USD ／ JPY 的日線圖，我們看一下藍色方框處，圈起來的 K 棒數有 5 根，換句話說，這是五天的走勢。我們接著再看一下圖 2。

看到這裡左上角的 H1（一小時線），還有右邊的藍色方框，你是否明白了一些事情？一樣是五天的時間，如果用日線操作，只會出現五根 K 棒，但如果切到 H1 的時區，一根 K 棒代表一小時，那麼五天就會顯示 120 根 K 棒。這裡面有什麼玄機呢？仔細看圖就會發現，當 K 棒數量越多，排列組合也就越多，那麼 K 棒碰兩條灰線的機會也就越多；換句話說，短線交易者進出場的機會也就越多。這還只是 H1，如果把時區切到 M1（一分鐘線），你會同樣五天，會有幾千根 K 棒，進出場的機會將會暴增。

▌透過 3 指標，了解你適合哪種方式

了解完兩者的本質後，我們團隊建議可評估下列三個條件，來決定哪個方式適合你。是「適合」你，而不是「哪一個比較好」，或是你「喜歡哪一個」。我們來看看圖 3 吧。

▌小資族宜長線交易，避免影響工作

如果你是一般上班族、小資族，基本上在上班的時候，是無法隨時盯著盤勢的。對於這樣的朋友，我們當然建議你選擇長線交易，比較不會讓看盤占用你太多時間，同時也不會因為盤勢的起伏，以及帳上的浮盈與浮虧，影響工作的情緒與效率。

圖2 用小時線操作，五天有120根K棒

資料來源：外匯投資聖杯團隊

反觀短線交易的方式，因為要利用頻繁、大量的交易來累積利潤，也就是要找出越多的下單時機點，所以相對長線交易者來說，使用短線交易的投資人，盯盤的時間也就比較多。

別被手續費吃掉短線交易獲利

當你開始大量交易，就表示下單的次數變多，也代表付出的手續費等成本費用也更多。原本透過短線交易的方式，單筆交易的利潤就不會太高，所以如果加上付出去的交易成本，其實短線交易，並沒有想像中的那麼好賺。甚至許多短線投資人明明戰果都不錯，但最後獲利被手續費等成本吃掉了許多。反觀長線交易，因為下單的次數不多，交易成本當然遠低於短線交易，這也是投資人必須考量的一個重點。

專職操盤手，必備的強大抗壓性

試想一下，如果一個上班族對自己的操作成績頗有自信，想開始以投資為主業，決定辭去工作專心操盤。既然是「專職操盤手」，那表示所有的開銷，都得靠自己的操盤功夫來支應了。

在這樣的壓力下，接下來每天要做的事情，就是不斷的盯著盤勢找機會進場、出場、再進場、再出場，周而復始。但是，如果在某一天的某段時間，連續虧損了幾次操作，就會產生各種負面情緒，像是害怕、擔心、焦慮、急躁、灰心等。所以在這個時候，這位專職操盤手，可能同時會有兩道壓力架在脖子上，一道是所有的生活開銷，都只能靠操盤獲利，非贏不可的壓力；另一道壓力，是一天之內連續好幾筆的虧損，心煩氣躁，甚至導致沮喪、灰心。

图3 短線交易的特性

時間
・長時間盯盤，不停地找交易機會

成本
・吃掉利潤的隱形兇手

壓力
・交易越多，壓力越大

資料來源：外匯投資聖杯團隊

在這樣子的情況下，因為急著想把輸掉的錢贏回來，可能做一些鋌而走險的操作。如果運氣好可以收復失地，如果運氣不好，可能越賠越多。所以，學了這麼多的操盤技巧，卻還是要淪落到去賭運氣嗎？

長線交易停損有限，獲利無限

反觀長線交易，是看到突破時機後進場，同時設好停損，確定自己最多會賠多少；而最多可以獲利多少，則要看盤勢怎麼走，以及自己後續怎麼操作。

這樣跟短線交易相比之下，停損有限，獲利無限，當然心理壓力會比較輕一些。因為當你輸不起這樣的金額，就不會設定這樣的停損。如果使用長線交易的方式，還會一次性的虧大錢，那肯定是被自己的心魔所擾，下了錯誤的決定而導致的。另外補充，真正的高頻交易不是不能做，只是前提是，一定要掌握一些技巧，同時還要是一個可以屏除七情六慾，把自己化為完全照表操課的機器人。

其實高頻交易在一些大型金融機構裡，所占的比率已經越來越高，甚至已經成為主力的操作方式。這就是為什麼這些大型金融機構，開始利用某些交易模型或是套利模組，去做各種貨幣在分秒之間的三角套利，而不是靠一大堆有血有肉的交易員，在交易場上不停地進出場的原因。因為把交易程式或模組寫入後，電腦或機器可以百分之百執行，但要去除血肉之軀的七情六慾，實非易事。

看完這章節，你具備前述的三個條件嗎？ 也許你已經開始了解，自己適合什麼交易方式了。

表1 外匯交易手續費分析

若以點差為 2 點、下單手數為 1 手計算，我們可以發現，短線交易相較於長線交易，要付出更多的手續費成本。

	短線	中長線	長線
停利停損點數 (1)	20 點	50 點	200 點
盈虧金額	200 元 (2)	500 元	2000 元
手續費金額	20 元	20 元	20 元
手續費佔比	10%	4%	1%

(1) 停利停損點數僅為估計值，實際值依個人操作或許會有所差異
(2) 計算單位皆為美元

Unit 38 如何做到順勢長線交易

　　在前面的章節提到短線交易與長線交易的差異，如果你也認同長線交易的優勢，也覺得長線交易的方式比較適合你，那麼接下來的這個篇章，就是做長線交易的必備的心態與觀念。首先我們先看看圖1。想成為一個良好的長線順勢交易者，都必須歷經三個階段。這是我們經歷眾多實戰交易與多年教學經驗後，歸納出來的結果。

▎適時停損，把看錯盤勢衝擊降到最低

　　第一階段，勇於停損。正所謂留得青山在，不怕沒柴燒；看錯盤勢賠錢，並不會讓一個操盤手陣亡，真正致命的，是一次嚴重的錯誤賠大錢後，黯然離場，信心全失。做好停損，可以讓「看錯盤勢賠錢」這件事不會釀成災難，如果再加上正確的順勢交易，也可以幫助自己的投資績效達到正期望值。因為透過勇於停損，已經把「大賠」這個結果拿掉。勇於停損這四個字說起來簡單，要實踐非常困難，幾乎沒有人在一開始學習投資時，就可以坦然地面對停損。回想一下，當初在自己看錯盤勢導致浮虧時，是否可以爽快地把手上的部位一刀砍下，讓血汗錢付諸流水？

▎大多數投資人不會記得教訓

　　一般人可能會認為，如果哪天真的賠過大錢，那麼下次就會記住這種痛，不會再犯類似的錯誤。很遺憾的，大多數人都是一錯再錯。賠過一次大錢後，總覺得再來不會這麼倒楣，或是想把上次輸的趕快贏回來，就把教訓拋諸腦後，繼續做跟上次類似的操作，導致再次失

180

圖1 順勢交易三階段

一路加碼

抱得住單

勇於停損

資料來源：外匯投資聖杯團隊

敗。所以，如果想要做好長線順勢交易，請務必做到勇於停損，提高自己在市場上的存活機率。

▌明明想賺大錢，卻嘗到小甜頭就跑

第二階段，抱得住單。這也是非常的折磨人心的一個課題。人心是很微妙的，明明進場投資都是想賺大錢，但賺到小錢後，又會很想擁抱小確幸，趕緊離場，收割了結。如果你還記得前面提到的投資結果四象限，那麼我們就必須做到在看對趨勢一路浮盈時，盡量把手上的部位留著，不要太早出場，這樣才能用一定的風險，換取大賺的可能性。我相信很多投資朋友也曾經都這樣做，但是事後的結果卻不如預期。例如，前一次的交易原本是賺錢的，後來盤勢稍微反轉，但想說應該不會太嚴重，所以持續把單子放在場上；後來反轉力道太強烈，導致大賺的部位放到後來變小賺，甚至放到賠錢。所以之後的交易，如果也開始賺錢了，便會記取上次的教訓，不敢把單子留在場上太久，所以小賺就跑。結果後來盤勢開始一路噴發，導致又與大賺無緣。

一般的投資朋友，這時心裡就會開始萌生「早知道就……」的念頭了。類似的問題，困擾著許多投資朋友，永遠都不知道做哪個選擇好？其實，這種思維幾乎是一種陷阱。我們看看圖2就可了解。透過這個圖可以了解，很多時候想著「早知道」，其實是很大的盲點。也許這次事後回顧上一次某個不正確的選擇，例如把單子持續留在場上，最後卻賠錢的這個做法，有沒有可能在下一次不同的盤勢裡，成為可以賺到許多利潤的最佳選擇？

▌除非進場理由消失，否則就長抱

看到這裡，或許又有朋友想問，那當下要怎麼做，才是最佳選擇

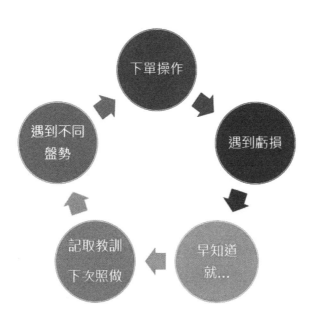

圖2 操作心態的盲點

資料來源：外匯投資聖杯團隊

呢？這就是我要跟大家分享的重點，只要理解這點，才能做到「抱得住單」，而不是隨便一個回測或反彈，就把自己嚇出場。首先要記住，如果不要用事後論來看待結果的話，那麼在抉擇的當下，其實永遠都「沒有最好的選擇」，除非有預知未來的本事。既然沒有最好的選擇，那我們要怎麼判斷目前這張單子的去留？我的建議是，只能透過理性的邏輯，也就是要賦予這張單子進出場的邏輯。前面章節有提到，只要進場時有理由，出場時也一定會有理由，而出場的理由就是，進場的理由消失。雖然念起來有點饒舌，但就是這麼簡單的邏輯。

舉例來說，如果今天你的進場理由是「K線突破了上布林」，我們把這樣的條件稱為 A 理由。因為我看到了 A 理由，對多方趨勢充滿了信心，所以進場布多單，那麼這張多單的出場理由是什麼呢？就是 A 理由不見了，也就是「K線沒有突破上布林」時，單子就該出掉。我們可看看圖 3，就可理解了。

▎別因小下跌，丟掉可大賺的標的

再做更進一步的思考。如果今天下完這張單後，多方往上走了100點，我們手上也浮盈 100 點，但接著開始輪到空方走，本來浮盈 100 點開始慢慢減少，剩 90、80、70 點……很多人看到浮盈減少後，就會開始心急，覺得趨勢反轉，尤其當手上的金額越大時，就會讓人更覺得痛苦與慌張，會認為這次的反轉很強烈，就會越來越想出場。但其實，對於盤勢或市場來說，其實也只反轉了 10～30 點，只是因為手上的部位大，所以一個小反轉所造成的浮盈減少，就會讓人對於這個狀況備感壓力。所以，如果進場後就只盯著帳上金額的盈虧，那麼很可能會被跳動的數字沖昏頭，如果在部位還沒很大時，就受不了這種波動，那麼未來如何去承受更多的部位？也就是小錢都操不好，如何操作更大量的錢？所以，我們要看這波反轉是否強烈到需要把單

圖3 堅守進出場設定理由

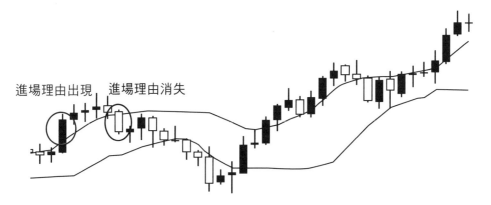

進場理由出現　進場理由消失

資料來源：外匯投資聖杯團隊

子砍掉？不能只是看帳上金額的變化，而是要如前面提到的，看這時候進場理由是否還存在。

如果一張單子進場後，過了一段時間，進場的理由還在，理論上應該要再繼續加碼的，如果不敢加碼，至少也要把單子抱住，而不是趕快出場。我們可看圖4，就可以理解何謂下單條件仍在，就要把單抱住。在藍圈處出現了進場理由（突破上布林），後面整個藍框處的所有K棒，每一根都還保有當初的進場理由。如果在藍圈處進場第一張單子並且緊緊抱住，可以想像利潤有多可觀，這還只是抱住原有的單子而已，都還沒加碼。但一般人在藍圈處下單後，發現後面大幅飆漲，即使當下進場理由仍在，一定也抱不住單，只想把單子收掉趕緊出場。所以，請永遠記得，想要把單子好好抱住，就要賦予單子進場以及出場的理由。只要市場上有交易，盤勢就會有波動，所以帳上金額本來就會波動，但是若不想被波動影響，唯有把錢當成數字，不要太在意手上部位的增減，單純的判斷自己當初下單邏輯是否消失？才能透過市場的角度，來判斷這張單子的去留。

▌克服人性，趨勢對了就要追高加碼

當一張單子賺錢時，光是要久久的抱住它，就已經很難了，如果一路往上飆漲，成本越來越高，還要逼自己繼續追，風險持續往上堆疊，這是極度違反人性的，試問有幾人可以用平常心一路買上去？相信我，一般人不但不敢買，甚至還想快點把單子出掉。但市場是很公平的，富貴險中求。我們可以從許多網路文章、書籍，或是各種報導與專訪，看到許多例子，都是在某一年的蕭條時機裡，因為具有獨到的眼光、遠見，以及過人的勇氣，大膽布局，危機入市，一路加碼，最後打了一場漂亮的戰役，賺盡一生的榮華富貴，在熊市的風暴裡華麗轉身。這樣的故事我想大家都耳熟能詳，但總是感嘆為什麼主角不是我？

圖4 進場理由不消失，就要加碼

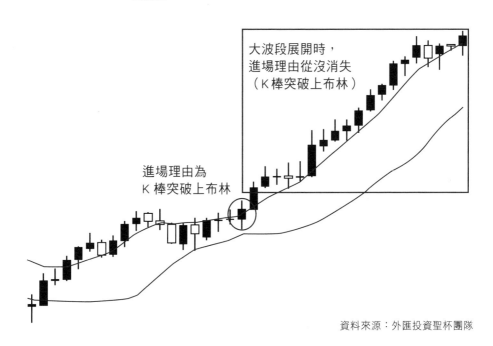

大波段展開時，
進場理由從沒消失
（K棒突破上布林）

進場理由為
K棒突破上布林

資料來源：外匯投資聖杯團隊

控管好資金，持續買進大賺的機會

　　各位試想一下，在你操作的這些年來，市場上真的都沒有熊市、牛市交替嗎？如果有，在這些交替過程，你都沒有曾經布局過對的商品嗎？如果有，那為什麼剛剛那些故事的主角不是你？答案就是，因為散戶總是在中途小賺就跑了，這是血淋淋卻不爭的事實。所以在投資市場上沒賺到大錢，絕對不是市場的錯，而是個人的問題。市場是公平的，每年都會有一些大事件發生，也都會有數個大波段展開，只是自己有沒有本事能搭上這些順風車，並且在車上不斷尋找機會加碼，一路坐到最後才下車。

　　當我跟學員分享這些觀念時，有的學員會聽得熱血沸騰，頻頻點頭認同，對自己下一次的操作有著深深的期許；但也有些學員會覺得這實在太難了，可能以前一些不愉快的操作經驗，讓他體認到自己並非這樣的神選之人，根本無法做到不計成本，一路加碼的操作。我只能跟各位說，如果順勢交易可以輕鬆做到，那外匯市場上就沒有窮人了。順勢交易真正困難的地方，是必須違背人性，而不是那些複雜的理論及瑣碎的操作細節。正因為如此，我反而認為順勢交易才是適合每一個人的，因為實際的操作並不複雜，只是難在能否不受盤勢影響，嚴格執行相關的操作準則。

　　這樣各位應該可以知道，一路加碼有多重要了。加碼雖然違背人性，但並不是只能靠天分，也可以擁有一套「部位調控」的邏輯，在資金控管的前提下，盡可能降低風險加碼部位。雖然會有小賠的可能，但可以不停買到大賺的機會。在下一個章節，我們會分享簡單的加碼邏輯。

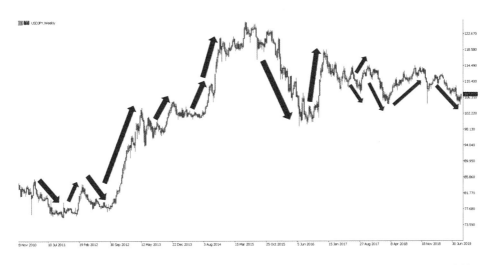

圖5 日圓周線圖 2010 年 -2019 年

長線來看，市場中不乏波段行情，少則數百點，多則上千點，並且多空
交替、不斷循環。

資料來源：作者整理

部位加碼概念

　　加碼，一個令人又愛又恨的名詞。愛的理由，是知道加碼可以讓獲利極度放大；恨的原因，也正是知道加碼代表成本越來越高，卻還要進場。在想讓獲利滾雪球的心情驅使下，很多人在投資的路上，都曾經加碼過。但是當我們細數這些大幅加碼的戰役裡，嘗到甜美的勝利果實的次數，是多數還是少數？加碼後的結果，會讓你悔不當初？還是樂不思蜀？其實，加碼對於想把獲利放大來說，絕對是必要的。既然是勢必要做的，接下來要面對的，就是該如何加碼？而不是還在考慮要不要加碼？這邊用圖1跟大家分享加碼的三大原則。

▌有賺錢再加碼，可立於不敗之地

　　首先，一定要等到原先的部位有浮盈後，再做加碼。因為加碼意味著成本越來越高，卻還要再度進場。所以在這種追高或追低的情況下，如果有前面那張單子的浮盈保護，會減輕不少心理壓力。而除了減輕心理壓力，另外一個主要的原因，就是因為如果有了浮盈後再加碼，只要透加碼單下單手數的控制，加上停損與停利的觀念，就可以在盤勢回測時，精準控制第一張浮盈單子的停利，並且讓停利大於後面加碼單的虧損。這樣的操作說起來有點複雜，但卻可以達到一種理想狀況，那就是「下對加碼單可以多賺，下錯加碼單也只是少賺」。這也是我們大多數學員最想學習的細膩操作。這樣子你就可以理解，為什麼我們會建議一定要先有浮盈，再來加碼。這也是許多交易室裡的操盤手強調的「長線護短線」的概念。

圖1 加碼三大原則

部位浮盈時 (長線護短線)

加碼部位 ≤ 先前部位

部位浮虧但有支撐或壓力

資料來源：外匯投資聖杯團隊

控制部位，別讓反轉吃掉先前獲利

再來看第二個原則，我們建議後面加碼的部位，要小於或等於前面的部位，絕對不能大於。這就是呼應前面提到的下單手數的控制，我們稱之為「部位調控」。因為前面的部位如果已經浮盈，換句話說也就是趨勢跑了一段了，接下來很有可能會開始反轉，如果後面加碼的部位大於前面的部位，那麼只要一遇到反轉，後面那張部位比較大的加碼單虧損，很可能就會吃掉前面較小部位的利潤。

投資新手，虧損時別亂加碼

最後一個原則，就是更進階的運用。前面有提到盡可能在浮盈的時候加碼，但如果目前浮虧中，可是看到相關的支撐或壓力時，認為目前的劣勢只是暫時的反彈，這時一樣可以在浮虧時加碼。這邊用圖2跟大家舉例。假設我們在藍圈1處進場了一張多單，但接下來K棒開始往下殺，目前浮虧中。但我們可以看到藍圈2處的K棒留下一條下影線，也就是空方一度下殺去，挑戰下布林但失敗，這時後若把下布林看成是一道強力的支撐，即使目前是浮虧中，只要K棒突破不了下布林，空方趨勢難以茁壯，那麼也可以在藍圈2處執行加碼多單。

再來看看藍圈3處，範圍涵蓋了3根K棒，雖然前2根K棒已稍微突破下布林，甚至一度收在下布林下，但我們可以看到第三根K棒又再度站回布林通道，表示空方趨勢並沒有大幅走強，反而輪到多方力道又開始強勢。這時一樣也可解讀為：空方趨勢走盡，輪到多方走，同時再度把下布林當作支撐，執行加碼多單。以上就是加碼的三大原則，如果你還是投資新手，建議只要先照做前面兩個原則，有浮盈了再加碼，並且加碼的部位要小於或等於前面的部位。至於第三個原則，因為浮虧時對心情的影響較大，很多判斷會失準，初學者可先跳過這樣的加碼方式。

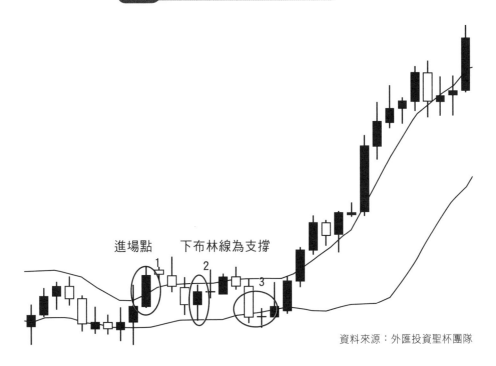

圖2 虧損加碼，必須有「支撐」

進場點　　下布林線為支撐

資料來源：外匯投資聖杯團隊

Unit 40 趨勢與時機點的差異

趨勢與時機點，不能混為一談。

在我們投資與教學的過程裡，常常發現許多投資朋友會把這兩件事搞混，一般而言，如果判斷出某個趨勢後，就得趕緊建立相關部位，這是不正確的。這個章節就是要幫大家破除這個迷思。

我們先來了解兩者的差異。簡單來說，趨勢指的是比較長期的走勢，時機點指的則是一個不錯的進場機會。我們可看圖1。

此為日線圖，可以看到2019年5月，走了一段空方趨勢。空方持續下殺好幾天，一般人根本難以上車。

▍看對趨勢，抓錯進場時機也會賠錢

在這種中長期的趨勢裡面，如果切到短時區看，其實每分每秒都還是多空雙方正常波動，此消彼長；並不是多方就此完全投降，空方連走數十根K棒。

所以，圖1一路下跌，但很可能剛好輪到多方時間走；而手上的空單就立刻面臨浮虧的狀態，甚至浮虧到一定程度，停損出場。

但你是不是有過這種經驗，就是當手上這張空單被掃出場後，很神奇的，多方的力道往往就走盡了，接著盤勢開始反轉，空方勢力再度抬頭，甚至最後像圖中走了一波大空頭趨勢；留下錯愕與懊悔的自己。

圖1 用日線看趨勢

2019.05.07的D1

資料來源：外匯投資聖杯團隊

接下來，可能就會開始出現一些負面思考，例如，早知道不設停損就不會賠了……（但這念頭只能一閃而過，絕不能長留心中）其實，從一開始下空單，到最後呈現大空頭趨勢，都證明了在一開始就看對趨勢，但還是有可能成為被掃出場的那一方。這就是我想強調的，即使趨勢看對了，進場時機點若抓錯，也就是剛好遇到反彈波，那麼可能會立刻進入虧損狀態，進而影響信心。

▌判斷趨勢成形，看短時區找切入點

所以要先判斷多方或空方的趨勢是否成形，然後確定自己是要做多方操作或空方操作？接下來操作的部位，盡量以單一趨勢為主。

而且，即使盤勢目前呈現空方趨勢，也不能隨隨便便就立刻下空單進場，而是要去找空方正強勢的時機點，或是多方已走盡，準備輪到空方攻擊的時機點，再來布局空單。我們可看圖 2。

這就是圖 1 標示那天的 H1 線圖走勢。我們可發現，原本日線一根大長 K，看不出什麼時候才是進場時機點，但只要看 H1 的線圖，就可以發現圖中 1.2.4 號藍圈處，都是空方走強的時機，若你的交易屬性較為積極，可在此進場，而 3 號藍圈處，則是輪到多方走，但多方走盡，即將再度轉為空方的時機。若你的交易屬性較為保守，則可選擇在此處進場。

這些就是在判斷完長線為空方趨勢後，接著判斷何時為空方下單時機點的方式。至於如何判斷趨勢與時機點，就是利用前面章節分享的技術指標，搭配順勢交易的概念，找出自己的最佳進場劇本。

圖2 用小時線找買點

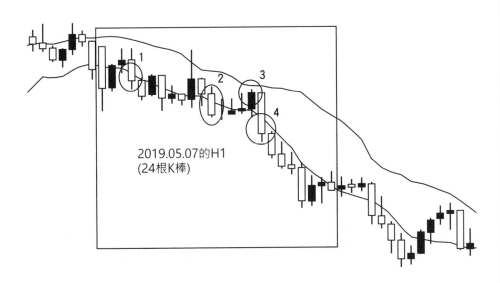

2019.05.07的H1
(24根K棒)

資料來源：外匯投資聖杯團隊

第九章

資金控管

停損先行

接下來要分享一個非常重要、也不斷強調的概念：資金控管。

何謂資金控管？簡單來說，就是有紀律地控管手上資金，包含看錯盤勢時會賠多少、看對盤勢時又該如何加碼等。要了解資金控管之前，一定要先做好一件事，就是停損。或許是老生常談，但還是要再強調一次，因為停損兩個字，真的是知易行難。

那麼，在外匯市場上，該如何做好停損呢？我們可看一下圖1。

首先，要認定何謂合理的停損基礎。以外匯投資來說，因為可以選擇的貨幣種類繁多，而不同的貨幣，特性與波動也都不一樣。所以要設定停損之前，一定要先了解該貨幣的特性。

首要之務，用 3 大指標設定停損

比如說美元，身為世界上交易量最大的貨幣，因此不太會出現過於激烈的走勢，起伏算是比較平穩的；而歐元在所有非美貨幣中，是交易量最大的，因此走勢也算相對平穩；又例如像加幣，容易受到原油走勢的影響，因此在原油市場動盪時，加幣走勢也會隨之震盪劇烈。這些特性，都是我們在設置停損時，要考量進去的。

再來，就是要考量每個貨幣的自然波動率，如同前面所述，走勢較穩定的貨幣，自然波動率則較小，我們可以給他小一點的停損空間。相對的，走勢起伏較大的貨幣，自然波動率會比較大，因此在停損選

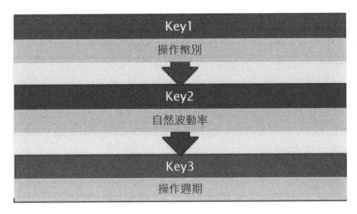

圖1 合理的停損基礎

Key1
操作幣別

Key2
自然波動率

Key3
操作週期

資料來源：外匯投資聖杯團隊

圖2 主要幣別波動率

就筆者的交易經驗來說，英鎊的波動率要大於其他貨幣

幣別	每日波動率 (1)
美元	0.5~1％
歐元	0.5~1.2％
英鎊	0.6~1.5％

(1) 波動率計算為筆者之交易經驗分享，實際數據可能會依市場行情而有所不同

資料來源：作者整理

擇上，我們可能就得多留一點空間了。

最後我們要注意的，則是操作的週期，也就是要玩長線或短線。以我們團隊來說，做的都是日線以上等級的操作，對於停損的設定，容忍度就要拉得比較大；但對於玩短線的朋友，例如 M5、M1 等，則設定的停損點數，就會遠小於日線等級的操作。

確定了這三項要素後，才能知道停損該如何設定。那麼，停損到底有多重要？來看看圖 3 就可以知道。

這張圖告訴我們，如果在某一次的操作裡，虧損多少本金，那麼就必須賺多少，才能回本。

▌一旦虧損，要花很多力氣才能回本

例如，本金有 1 萬美元，虧損 10％後，剩下 9 千美元；要用 9 千美元要賺多少，才能回到 1 萬美元呢？大約是 11％。再來，把虧損擴大，如果本金一樣是 1 萬美元，假設某一次操作沒有設停損，大賠了 70％，那該賺多少，才能回到 1 萬美元呢？

答案是一個令人絕望的數字，剩下的本金繼續投資，要賺 330％才能回本。記住，這還只是回本哦，還談不上開始獲利。

你覺得一年賺 330％比較容易，還是乖乖設好停損嚴格執行，不要讓自己一次大賠 70％，比較簡單呢？

當我們做好停損，就是做好了資金控管的第一步，因為就如前面投資四象限提到的，先把大賠這個結果拿掉後，才能開始邁向正期望值。

圖3 虧損還原比例

虧損比例	賺回虧損比例
10%	11%
20%	25%
30%	42%
40%	66%
50%	100%
60%	150%
70%	330%
80%	400%
90%	900%
100%	

資料來源：外匯投資聖杯團隊

本金比率選擇

上一個章節說明了停損的重要性,以及合理停損的基礎。本章將接著介紹資金控管理論中,一個相當重要的環節:本金比率控制。本金比率控制對一個交易員來說,是必備的技能,本金比率控制做不好的交易員,基本上是不可能拿到大部位操作的。

▌操作穩定比獲得高報酬率重要

讀者們不妨想像一下:假如你位處投資公司的決策高層,今年公司剛成立一檔私募基金,第一輪募資已經完成而且關閉,目前手握客戶挹注的上百億資金部位,接下來要從公司挖角來的兩位明星操盤手中,選出一位來主導該基金的操作。以下分別是兩位明星操盤手的戰績:

A 操盤手:交易經驗 30 年,只有 9 年賠錢,賠最多的那年虧掉本金的 25%;30 年中,賺最多的那年是 40%,平均年化報酬率為 12%。

B 操盤手:交易經驗 10 年,於去年創下了單年暴賺 300% 的驚人紀錄,是該年度的全國獲利冠軍;但曾經有 2 年是虧損的,而且虧損幅度分別高達 60% 及 70%,平均年化報酬率為 20%。

看完這兩位明星操盤手的戰績,請問讀者會選擇哪一位呢?

我想,除了少部分賭性堅強的人,絕大部分的讀者都會選擇 A 操盤手吧。雖然 A 操盤手看起來績效較差,但就穩定性來說,A 操盤手無疑甩開 B 操盤手好幾條街。而且其中更關鍵的是,B 操盤手曾經有過高達 60%〜70% 的虧損紀錄。試想,如果這樣的大幅虧損發生在基金運行的第一年,投資人是否還能沉得住氣?假如客戶紛紛選擇認賠抽回銀根,屆時這檔基金能否繼續存活,都還是未知之數。

図1 本金比例控制執行步驟

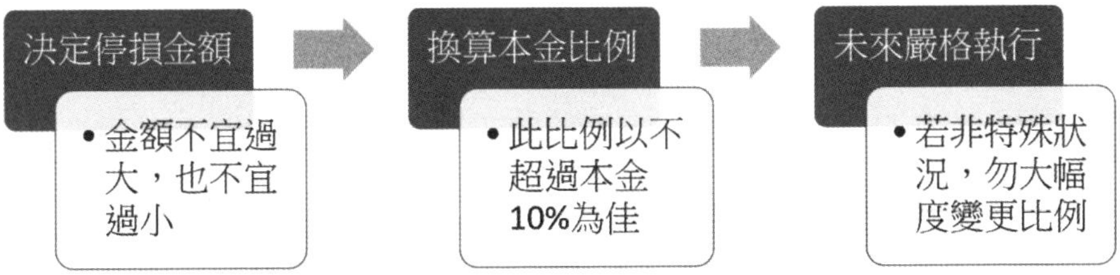

決定停損金額

- 金額不宜過大，也不宜過小

換算本金比例

- 此比例以不超過本金**10%**為佳

未來嚴格執行

- 若非特殊狀況，勿大幅度變更比例

資料來源：作者整理

以上的例子看起來有點戲劇化，但本金比率控制在交易中的重要性，應該是不言而喻了。

本金停損比率低於 10% 最好

那麼，在外匯交易實務中，本金比率控制應該如何執行呢？以下介紹執行步驟：

首先，必須決定下單的停損金額，這個金額不能過大，也不能過小。過大的虧損金額會造成沉重的心理壓力，容易導致這筆單抱不住；過小的金額對整體的收益影響不大，無法達到增加資產的目標。但金額的大小沒有絕對的標準，端視每位投資者的經濟狀況及抗壓性而定。決定這個金額之後，再將該金額換算成本金的比率，這個比率以不超過本金的 10% 為佳。最後在未來的交易中，謹守此虧損比率，若非特殊狀況，勿大幅度變動。舉個例子來說明：

假設某位投資人的本金為 10,000 美元，首先他決定未來每次的下單停損金額為 500 美元，因為即使 500 美元輸掉了，也不會造成太大的心理壓力；相對的，獲利時的金額，也會讓他覺得有感。換算本金停損比率為：500 ／ 10,000 = 5%，並未超過 10%，故此比率也是恰當的。以上步驟可簡化成如圖 1。最後會讀者可能想問，為什麼不要超過 10% 呢？為何不是 20%？不是 50%？原因其實很單純，因為這個比率會影響到你在外匯市場中的「生存率」，請看圖 2。

這張圖說明了不同的虧損比率，在最慘的狀況下，離開市場的機率為何。延續前面的狀況題，身處投資公司決策高層的你，會要求底下的交易員選擇表中的哪個比率呢？聰明如你，相信答案和我們也是一致的——肯定是 10% 以下。萬丈高樓平地起，投資也是相同的道理，唯有落實資金控管，並重視每個風險控制的環節，獲利才有節節高升的可能。如果輕忽風險、不嚴守資金控管的紀律，哪怕當下獲利再耀眼，未來都有可能成為過眼雲煙。

表1 本金停損比率超過 10%，生存率極低

虧損比率	連輸幾次後會離開市場	發生機率
50%	2	1/4
33%	3	1/8
20%	5	1/32
10%	10	1/1024
5%	20	1/1048576

資料來源：作者整理

第十章

操作經典
案例分享

2016 年川普當選的美日兌飆漲

接下來，我們要分享幾個近年來比較大的波段行情。包含一開始如何發現端倪？波段期間如何判斷加碼時機？以及在什麼樣的情況下，把部位撤掉，離開戰場？

先來看看圖 1。這是美日兌（USD/JPY）的日線圖。圖中的這段時間大約是 2016 年的 10 月底到 2017 年的 1 月初，各位是否對這段多頭趨勢記憶猶新呢？

當時是川普出來競選美國總統，普遍不被看好，許多政論與財經節目甚至天天報導川普不會當選的訊息，即使當選，美元也會開始下跌（表 1）。假設先撇開基本面的因素，單純用線圖與技術面來判斷的話，已看過前面章節的你，看到這線圖會怎麼操做呢？

接下來分享的，是我們團隊當初的進出場策略，都是教過的內容拿來應用而已。先看圖 2 第 1 個藍框處，這就是川普當選當日的 K 棒走勢，起初空方非常強勢，一度破底，呼應前面提到的若川普當選後，美元會走弱的基本面消息，但是到了最後，呈現破底翻，多方整個拉回並收盤在上布林上方，留下長長的上影線，以及一堆專家碎落滿地的眼鏡碎片。

▌「四分判斷法」決定入場時機

那該怎麼判斷進場時機呢？首先我們要提醒大家，在數據或新聞發生的當下，建議不要急著下單，以免行情上沖下洗，容易賠了夫人

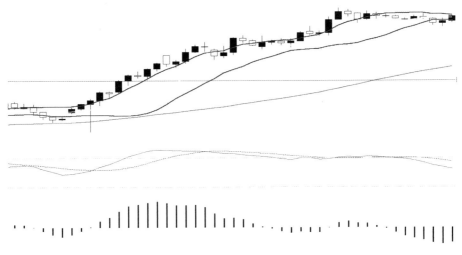

圖1 2016 年的 10 月至 2017 年的 1 月初美日兌（USD ／ JPY）的日線圖

資料來源：外匯投資聖杯團隊

表1 川普選舉結果預期影響表

	政經局勢	貿易自由度	黃金表現	美元表現
若川普當選	緊張	預計下降	預期上漲	預期下跌
若川普落選	趨緩	預計不影響	預期下跌	預期上漲

資料來源：作者整理

又折兵。所以我們寧願不賺這種快錢，只靜待洗刷後的趨勢來臨再進場。因此我們以收盤價來看，第 1 個藍圈處的 K 棒，收盤在 MA 指標的上方 (圖中藍線)，所以是多方趨勢，多方得到一分。再來看深藍線的布林通道，同樣也突破上布林，多方再得一分。再看看此時 KD 開口交叉後略微往上，多方再得一分，最後 MACD 的 OSC 柱狀體已開始由空轉多，同樣對多方有利。四個指標都對多方有利，這就是四分判斷法的滿分題，此時只要抓好停損點，就可以準備進場了

下單條件沒變就應該續抱

再來看第二個藍框，K 棒一路上漲，即使多方如此強勢，但當初第一張單的「下單條件」依舊沒有變，這就應該「抱得住單」。單看此圖，可能會覺得趨勢展開時，抱單這動作似乎是理所當然；但有操作經驗的朋友，就會發現在一路上漲的過程，要保持獲利又不立刻出掉，甚至還要一路加碼真的很難。

但我們可以思考一下，當盤勢如此呼應當初下單時內心的期望，豈不是更要把握？明明抓到機會並且身在局中，卻想快點獲利了結，這才是最大的心魔，人性的弱點。

上布林撐住空方攻勢就加碼

再來看看加碼時機點，每根 K 棒幾乎碰到上布林後，都無法越雷池一步，這表示即使輪到空方走，K 棒也殺不進通布林道裡。換句話說，上布林變成一道很好的支撐，所以當上布林撐住空方攻勢時，都是可以加碼多單的時機點。

圖2 遇到重大新聞事件，仍然要堅持四分判斷法

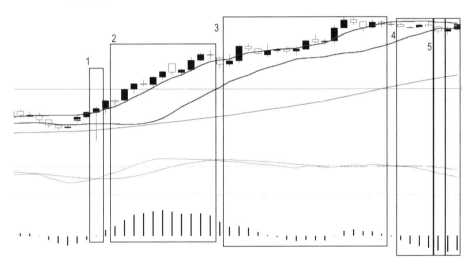

資料來源：外匯投資聖杯團隊

再來看第 3 個藍框，可以看到 K 棒已開始站進通道，而且 KD 的開口也交叉後慢慢往下，MACD 更是由多轉弱，多空交替。若看一下此時的布林通道，發現 K 棒尚無法碰到下布林，空方力道依然有限。此時可開始慢慢減碼停利，但不要全部撤掉，留些「後衛」在場上即可，因為盤勢尚未完全反轉，畢竟還是在 MA 上方，而且也還沒突破下布林。

再來我們看看圖 3，圖 3 是接著圖 2 繼續往後走一段時間的日線圖。可以看到在 A 藍框處，K 棒已突破下布林，空方力道終於稍微強勁，這時候可以開始把手上部位出多一點，以免空方持續下殺挑戰MA，導致獲利回吐太多。

▌K 棒跌破 MA，務必要撤出

接下來就會發現，多空雙方開始你來我往，也就是盤勢開始慢慢整理，目前已沒有明顯趨勢了，建議此時可以留小部位觀望，或是把部位全收掉也可。

等到了圖中 B 藍框處，可以發現 K 棒已經完全跌破 MA，正式轉為空方趨勢，即使一開始成本很低就進場，到了這一刻，無論如何都一定要撤出了，因為趨勢已轉為空方，此時手上沒有空單可能都不及格了，更何況還把多單掛在場上？

透過聖杯戰法，回顧 2016 年川普事件的波段，是否覺得一點也不難？其實操作邏輯與方式真的不難，只是難在身處盤勢中的自己，能否照表操課罷了。

圖3 減碼要有明確的標準，在上是指 K 線向下跌破布林

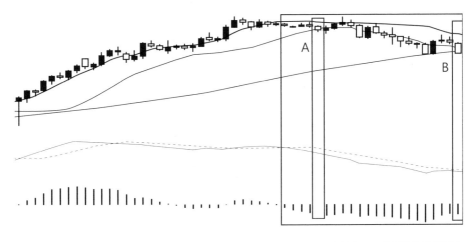

資料來源：外匯投資聖杯團隊

2018年年中歐元波段行情

接下來分析 2018 年的年中，歐元的下殺趨勢。

這段期間許多非美貨幣都有不錯的走勢，但多數接觸外匯的投資人會比較注意歐元，所以我們以此為例。先來看看圖 1。圖中有 3 個藍框，1 號藍框處很明顯走了一大段空方趨勢，如果投資人手上有空方部位，並且依照順勢交易原則，獲利會非常可觀。

再來看看 2 號藍框處，整體 K 棒整體仍在 MA 下方，依舊為空方趨勢，但此時的 K 棒走勢已不像 1 號藍框那樣漂亮，開始在 MA 附近震盪，趨勢可能隨時會轉變。最後再看 3 號藍框處，K 棒已經突破 MA，正式轉為多方趨勢。

▌賺整個波段太難，採折衷作法穩穩獲利

各位看完這張圖，可以思考一下，你真的能在 1 號藍框處的起始點時，就很乾脆地進場，然後直到 3 號藍框處的最後，再完全出清部位嗎？如果你覺得無法，沒關係，這才是正確答案。這個章節以此波段為例，就是想讓各位知道一個觀念，操盤手必須在不違背大原則的前提下，盡可能靈活操作，因應盤勢的變化，採取折衷的作法。來看看圖 2，這是剛剛 1 號藍框處的放大圖，分享一下當時我們的操作邏輯，你就會更清楚了。先看 1 號藍框處，用四分判斷法對照會發現，正是空方滿分題，此時就是建立部位的時機點。如果覺得沒把握，根據前面提到的「停損有限，獲利無限」的原則，至少要先派一些前鋒試探

圖1 用四分判斷法建立部位

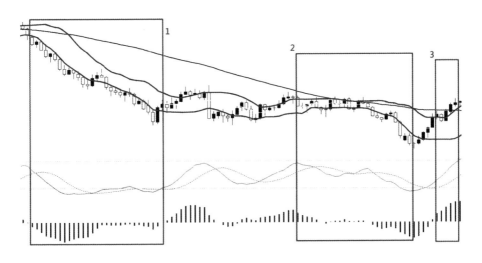

資料來源：外匯投資聖杯團隊

行情。接著空方一路下殺的過程中，可以邊尋找加碼時機點。

等到了 2 號框框處，會發現 K 棒已經進入布林通道內（深藍線）。如果依照「下單要有理由」的原則，這張單當初的進場理由（K 棒突破下布林）應該算是消失了，所以應該要把部位全部收掉。

▍適時減碼，讓獲利入袋再拚下一波

不過呢，因為已經有一定程度的浮盈了，當然想放著利滾利。只是如果這波趨勢反轉如果是真的，浮盈放到變浮雲，甚至浮虧，豈不功虧一簣？另一方面，是否會覺得這只是強力回測而已，後續仍有趨勢，全部收掉豈不太可惜？這時，可以「減碼」，也就是把手上的部位「部份平倉」即可。例如下了 5 手，可以先平倉 3 手或 2.5 手，讓獲利先入袋，剩下的部位繼續放，期待波段再展開。

如果順利，留在場上的部位持續獲利，後續也可再加碼；如果不順利，那至少也把心中想保留的獲利先收回了，即使有遺憾，也不會太大。當你做了減碼，而不是全收掉，你會在 2 號框框之後的走勢裡，慶幸自己有留下一些空方部位，因為盤勢又接著續殺。

再看 3 號框框處，K 棒又再度站進布林通道，這時操作原則跟前面一樣。只是這次減碼後的走勢，雖不像之前空方再度續殺，但還是一樣會覺得慶幸，因為已經再度減碼讓獲利入袋。只是這次剩下的部位沒有持續利滾利，但這是盤勢使然，不是操作邏輯的問題。

面對大波段中間的反覆震盪，減碼，就是最折衷與靈活的運用。

圖2 在 2 號框減碼

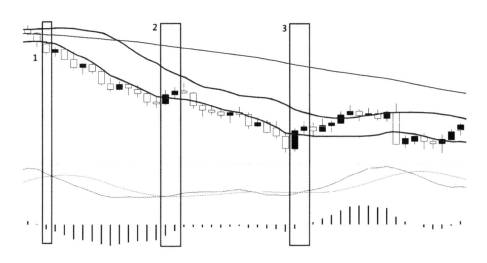

資料來源：外匯投資聖杯團隊

2019年年中黃金波段行情

接著分析 2019 年年中的黃金上漲波段。

至截稿前，美國總統川普為了競選連任，持續對聯準會施壓 QE 政策，以及中美貿易戰甚囂塵上，黃金已連續走了兩個月的多頭趨勢。但這兩個月的上漲過程，真是一路順風順水，還是途中歷經波折，但最後仍是緩步上漲？如果是後者，又該怎麼面對？這就是這章節分享的重點。

▌當短線震盪，改用更長 K 線思考

圖中藍框裡的灰圈處，日期為 2019／05／31，正是這波黃金多頭趨勢的起始點。

透過四分判斷法，可以簡單找到進場時機點，但你會發現接下來，K 棒似乎很常跑進布林通道內，過沒幾天又突破上布林，接著又跑進通道內，反覆發生。這時，無論你是用「下單理由消失就出場」，「等到下單理由出現再進場」的邏輯，還是「先減碼，再找時機點加碼」的方式，都會發現在操作上不太順，或是無法克服心魔，秉持該進就進，該出就出的原則。

以前我們也遇過這種問題，在操作的當下，明明歷經曲折，但事過境遷回頭看，又發現其實是個漂亮的上漲趨勢。只是當時人在此山中，不識廬山真面目。

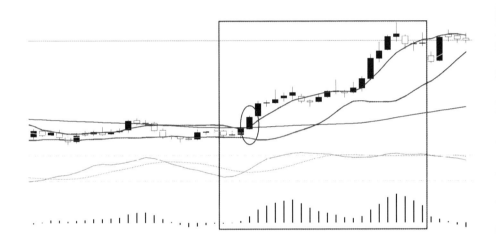

圖1 合乎原則，就不要太在意波動

資料來源：外匯投資聖杯團隊

很多人為此去學更多的指標與方式，試圖看破盤勢的箇中奧妙；但我們則是靠著改變想法，解決這一困境。各位思考一下，為什麼我們提倡用日線操作，而不提倡短線交易？就是想讓一般上班族、小資族，或非專業投資人，可以輕鬆面對盤勢，不受盤勢反覆震盪干擾，進而影響操作心情。

所以當你已經用日線級操作，卻還是像短線操作一樣飽受折磨，而事後看，卻發現這波趨勢又是千真萬確，只怪自己身在局裡無法承受波動時，也許我們該換個思考，試著把日線當成是短線，也就是把日線想像成只是 H4 或 H1。此時你會發現，所謂的「日線戰場」，好像不在日線時區？

▌更換「日線戰場」，起伏少更易判斷趨勢

沒錯，這個新的「日線等級的戰場」，正是在週線，或是月線的時區。我們看圖 2，你就會懂了。藍框處第一根 K 棒，正是這波起漲日 2019／05／31 當週的週線 K 棒。你會發現，當切到週線時，是不是上漲趨勢變得既簡單許多？再反觀日線的那些震盪起伏，在週線似乎完全被淨化，只看到每根 K 棒都在向上攀升，途中空方偶有回測，但都被週線上布林撐住，空方攻勢徒留下影線，多方力道持續向上。

這樣的轉換時區操作，就是原概念的變通罷了。就像當初可能不習慣 H1、M30 時區的起伏，才轉成日線操作一樣，如果現在的日線也讓你覺得起伏不定，是否該往更長的時區，去找新的日線呢？

心法是死的，盤勢是活的，要讓生硬的心法去面對活潑的盤勢，就是要把心法內化後，守住原則並靈活操作，才不會被盤勢淹沒。

圖2 用週線更容易判斷趨勢

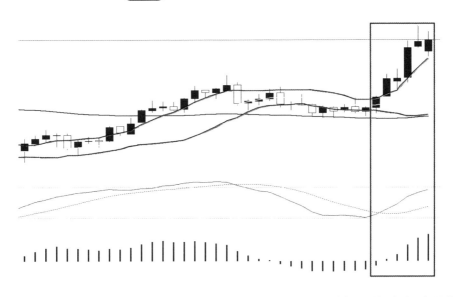

資料來源：外匯投資聖杯團隊

第十一章

新手也可以賺錢
的交易方法

交易 SOP

在這個講求效率與正確性的年代中，很多事都有 SOP（Standard
Operating Procedures，標準作業程序）。大企業的新鮮人一進公司會
有工作 SOP，飲料店的員工製作飲品也有 SOP，甚至到餐廳吃頓飯，
都能看到執行 SOP（例如某些燒肉店，會規定燒烤某些食材的火力大
小與時間）。那麼外匯投資是否有 SOP 可以參考呢？答案是肯定的，
雖然外匯投資需要注意的細節很多，但交易流程是可以被標準化的。
而且交易流程標準化之後，不但不會影響投資績效，反而能將交易風
險降到最低。這個章節將分享如何將交易流程 SOP 化。先看圖 1。

▌下單前 5 個地雷，千萬別踩

從圖 1 可以看出，下單進場之前，要考量許多因素，交易前要處
理的資訊相當繁複。有學員看了這張圖之後問我：外匯投資不就是進場
猜貨幣上漲或下跌而已，有需要搞那麼複雜嗎？我相信部分讀者也會有
相同的疑問，下單進場前，真的要考量過這麼多因素嗎？好，讓我們先
思考一個問題：若其中一個因素發生問題，可能會產生什麼風險呢？

・下單前沒有看好進場點位→可能老是做不到波段行情，下單決
策變得越來越搖擺，對自己越來越沒有信心。

・下單前沒有檢查新聞數據→可能之後盤勢受到數據影響，往反
方向大噴百點（如非農數據），甚至大噴千點（如英國脫歐）。

・下單前未決定停損→可能遇到反方向的大行情出現，接下來看
著帳上的浮虧又捨不得砍單，最後大江東去，巨大虧損因此產生。

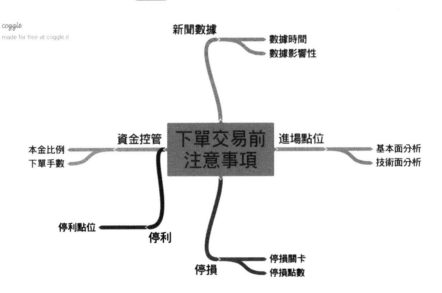

圖1 仔細考量再下單

資料來源：作者提供

· 下單前未做好資金控管→投資績效將變得不穩定，容易變成小賺大賠，甚至看對方向卻做到賠錢。

· 下單前未決定停利→可能盤勢噴發後回落，導致少賺。

從上面的狀況分析來看，除了未決定停利的結果比較不嚴重之外，其他狀況下一旦發生風險，對投資績效絕對會造成毀滅性打擊。換言之，一個合格的交易員，在下單交易前，一定要把表列的所有因素考慮進去。

▍嚴守 7 個紀律，把風險降到最低

而交易 SOP 要做的，就是把所有的因素納入考量，並做好排序，只要按照這個程序執行，就可以把風險降到最低。下面幫大家列出排序，以及應該執行的步驟細節：

1. 下單前，先檢查是否有重要數據即將發布。若有，則考慮是否等數據發布後再行進場；若無，則可放心下單。
2. 利用基本面、技術面分析決定何時進場。例如美中貿易戰，我們分析後發現將有機會導致人民幣大跌，技術面上則可以利用四分判斷法，找進場切入點位。
3. 決定停損關卡，例如防守 60MA 或是前低前高，並計算停損點數為何。
4. 決定本金損失比例，再用本金以及停損點數回推下單手數。
5. 決定停利點，或先不設定，等待日後再手動停利出場。
6. 最終碰停損或停利出場，等待下次進場機會。
7. 重複循環此流程。

我們把外匯交易的流程整理成圖 2，未來下單交易之前，記得要先參照一下，確認每一個步驟都有確實做到喔。

圖2 建議的下單流程

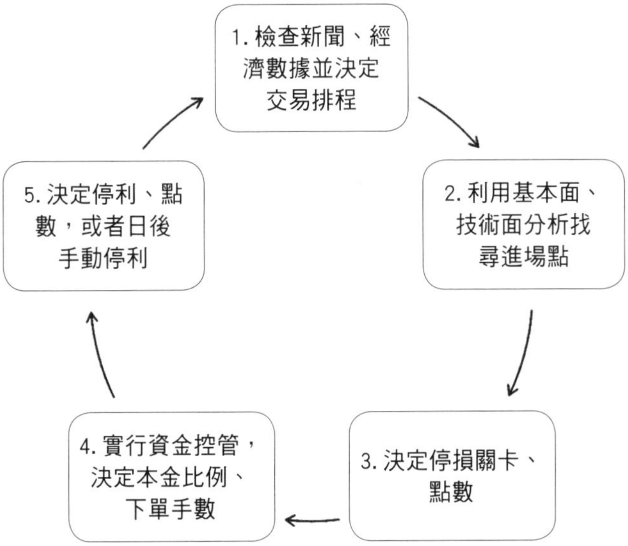

1. 檢查新聞、經濟數據並決定交易排程

2. 利用基本面、技術面分析找尋進場點

3. 決定停損關卡、點數

4. 實行資金控管，決定本金比例、下單手數

5. 決定停利、點數，或者日後手動停利

資料來源：作者提供

投資獲勝的機率

　　勝率，即投資獲勝的機率，是許多交易者在投資過程中，相當重視的一個指標。甚至有不少交易者，把提升勝率和交易獲利劃上等號，他們認為只要勝率夠高，正報酬自然會水到渠成。然而，事實上真的是這樣嗎？

　　我用一個故事來說明：約 3 年前，筆者以客座講師身分，受邀至中國深圳舉辦的一場外匯高峰講座，主講資金控管與正期望值祕密的議題。而在講座結束後的宴會上，認識了不少外匯投資圈的朋友。席間，和其中一位私募基金自營部的投資經理對話交流，讓我最是印象深刻。

▌關鍵 1：控管好資金，讓投資績效穩定

　　這位經理姓許，他告訴我，他在外匯圈打滾已經 10 年以上了，銀行、經紀商、私募基金他全都待過，曾經創下一個月本金翻 2 倍的超高績效，也曾經大虧本金超過 6 成，最終黯然離職。然而在近 5 年來，他的投資績效不再大起大落，變得十分穩定，最近 3 年手上的部位平均報酬，更是每年都超過 30％。由於表現優異，公司在拔擢他為外匯交易部門的最高負責人，負責管理整個部門。

　　我好奇問許經理，是什麼原因，讓他在這幾年來的投資績效這麼好，變得這麼穩定呢？許經理直言，關鍵在「資金控管」和「機率」。許經理接著說，「過去我沒有資金控管的觀念，導致投資績效大起大落，自己玩玩或許還行，但是要操作法人等級的大部位，卻是萬萬不

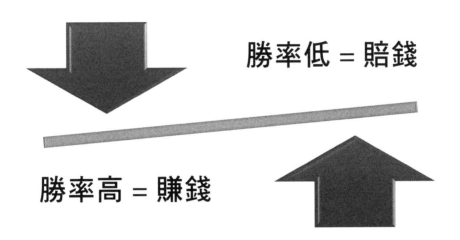

圖1　一般投資人對於勝率的理解，然而事實真是如此嗎？

勝率低 = 賠錢

勝率高 = 賺錢

資料來源：作者整理

行的。後來我透過關係去向其他交易室的前輩學習如何做好資金控管，投資績效才變得逐漸穩定。」

▌關鍵 2：放下勝率，追求正期望值

我接著問他：那機率又是怎麼一回事呢？他回答：「過去我在投資時，非常重視勝率，重視到了走火入魔的地步。為了提升交易勝率，我不知道去上過多少大師的劃線課程、技術分析課程，只為了讓自己每一季的對帳單上，賺錢的單子多於虧錢的單子，這樣會讓我感到很有成就感。然而，追求勝率的做法，最終卻讓我陷入了瓶頸，我發現，即使當季的勝率高達七成以上，我的總體報酬卻是負的。這個發現讓我十分沮喪，我調出過去幾季的對帳單，細細比對之下，才發現了問題。原來我賺錢的單子雖然多於虧錢的單子，但是偶爾會出現幾張大虧的單子，就是這幾張單子，把我累積的獲利全部吃光，甚至讓報酬由正轉負。我才意識到，追求勝率的做法，是會出現副作用的。」

我好奇地問他：那你做了什麼改變呢？他回答：「那時候我剛好換了一個東家，也就是現在這家公司。我們的老總看了我過去的交易紀錄，對我說道：小許，你的底子很好，技術分析的功力很扎實，基本面分析也頗有條理，但是你的目標錯了。我們交易室不太追求投資勝率的，只追求『正期望值』。」看到這裡，相信大家應該會發現，在投資中追求勝率，不是一個好的做法了吧？

宴會結束之後，我好奇問了許經理，他這幾年的勝率是多少呢？他依然是爽快地回答：「不多也不少，剛剛好接近五成——跟丟硬幣猜正反面的機率差不多。」

圖2 你是否曾有過這樣的對帳單呢？贏了勝率，卻輸了報
酬率。如果是的話，未來請放下追求勝率的迷思吧。

GBPUSD, sell 0.88 1.30039 → 1.29960	2016.08.09 10:05 **69.52**
GBPUSD, sell 0.88 1.30006 → 1.29964	2016.08.09 10:05 **36.96**
GBPUSD, sell 0.88 1.29773 → 1.29602	2016.08.11 17:37 **150.48**
GBPUSD, sell 0.88 1.29759 → 1.29602	2016.08.11 17:35 **138.16**
GBPUSD, sell 0.88 1.30460 → 1.30287	2016.08.10 16:27 **152.24**
GBPUSD, sell 1.76 1.30567 → 1.29417	2016.08.12 17:16 **2 024.00**
EURUSD, sell 3.14 1.10867 → 1.11760	2016.08.10 11:20 **-2 804.02**
AUDUSD, buy 2.00 0.77404 → 0.76771	2016.08.12 13:52 **-1 266.00**

資料來源：作者整理

如何達成正期望值

看完上一個章節後，相信大家都應該明白，外匯投資不應該把關注重點放在「勝率」之上。若只是一味追求高勝率，反而會造成反作用，進而拖累整體報酬。然而，若不將重點放在勝率上，那應該關注什麼呢？答案就是「期望值」。

▌專注一件事：讓獲利大於虧損

讀者不妨思考一個問題：在正常的情況下，若投資的勝率為 50% 的前提下，要怎麼樣才能賺到錢呢？其實答案非常簡單，就是想辦法讓每次獲利的金額，大於虧損的金額。或許有讀者會說，這麼簡單的道理，誰不知道啊？

筆者記得當年剛進交易室的時候，帶我的經理告訴我，做交易很簡單，努力讓你每筆賺錢的單子大於虧錢的單子就行了，接下來把比例放大，試著做到 1.5：1，甚至 2：1 以上，等你能長期穩定做到這件事，就可以出師了。那時我心裡狐疑，這個交易室怎麼不教我技術分析或是資金控管，反而只對我提出一個看起來如此簡單的要求。不過，我還是聽話照做了，誰叫我是菜鳥呢。

▌吃到大波段行情的機率增加

然而在做了之後，才發現這個目標看似簡單，卻不容易達成，做了一季之後，績效實在不怎麼樣，手上部位還小虧 3%。我開始擔心自己是不是能繼續留在這個交易室。但經理看了我的績效後，只說了

三個字：繼續做。接下來過了半年，我的績效並沒有出現爆炸性成長，但開始能做到經理的要求了——賺錢的單子盡量大於虧錢的單子。接著在第四季，遇到了一波當年度的大行情，因此我獲取了將近 40% 的報酬。也就是這一次獲利，讓我成為了正式交易員，拿到更大的部位，同時也得到豐厚的年終分紅。

專注於期望值的作法，看起來非常單純，就是努力讓每次的獲利大於虧損，但這個做法其實有個極大的好處，就是可以更有機會可以吃到波段行情。如同前面的章節和大家分享的，外匯市場的特性，就是容易出現較長的波段走勢。因此投資外匯想要賺錢，能不能把握波段行情，就成了勝負關鍵。

專注在提高期望值，除了有上述的優點，還能帶來另一個附加的好處，那就是，即使勝率低，也能賺錢。請讀者看看下表：

拉高期望值，長期賺錢的機會增加

賺賠比例	勝率	結果
1：1	50%	打平
2：1	33%	打平
3：1	25%	打平

表格左邊的欄位代表每次賺錢與賠錢的金額比例，中間欄位代表平均勝率，右邊欄位則代表最終的輸贏結果。從中可以發現，如果能夠拉高每次的賺賠金額比例，那麼即使勝率不高，還是有賺錢的可能性。這也意味著，如果我們能夠盡量拉高交易的期望值，那麼即使每次下單都用擲筊決定，長期下來也肯定會賺錢（因為擲筊的機率基本上就是 50%）。

看完上面的分享，大家有發現專注於提高期望值帶來的好處了嗎？未來在做交易時，不妨試著朝這個方向努力吧！

撰寫交易紀錄

　　有時在課程結束之後，會被再回來上課的同學問到：老師，我在上課的時候績效不錯，但回去自己操作這段時間，績效卻不太理想，你能幫我看看是什麼問題嗎？通常遇到這種同學，我都會先聽他們抱怨（畢竟沒有人輸了錢還會心情好），待他們心情平復之後，接下來會請他們讓我看這段時間的交易紀錄簿，但往往得到的回答都是：「老師，我結訓回去之後，就沒有做交易紀錄了，但還是請你幫我看看好嗎？」

　　收到學生的請求，我都會盡力幫他們檢視，並試著幫他們找出問題。說實話，即使我能幫助這些同學解惑，並指出問題的方向，但他們未來進步的空間恐怕很有限了，如果他們操作習慣不改的話。

▎紀錄有助客觀檢視自己優缺點

　　「交易，是一場自己與自己的戰爭。」交易往往伴隨著賺錢的興奮與虧損的壓力，人們很容易受到情緒的影響，進而出現不理性的行為。例如有人會在虧損的時候，出現鴕鳥心態，一直催眠自己盤勢總有一天會回來的；甚至眼不見為淨，關上電腦再也不看盤，彷彿帳上的虧損與他無關似的。也有人會在連戰連勝之際，變得特別貪心，認為自己天下無敵，下單手數開始無限膨脹，甚至連不熟的標的，也進場狂下一通。

　　很多時候，會害你輸錢的，往往不是市場，而是自己。

圖1 交易紀錄示範 1

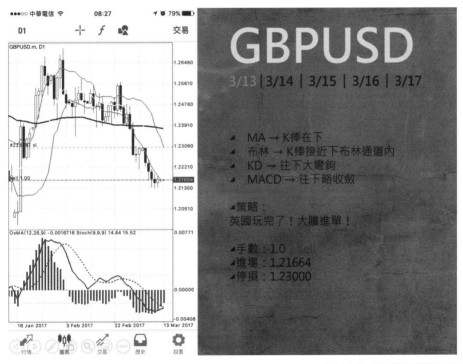

資料來源：聖杯課程學員提供

撰寫交易紀錄，這個看起來不起眼的動作，其最大的作用，就是可以幫助我們認識自己，認識那個我們可能從來沒發現過、最深層最原始的自己。唯有在認識自己之後，才能找出缺點，進而逐一修正，讓未來的交易能夠盡量屏除情緒的干擾，最終才能打造穩定的交易模式，成為一個有紀律的交易員。

▌選定周期，完整盤點交易細節

　　應該如何撰寫交易紀錄呢？一份好的交易紀錄應該包含以下內容：進場時間、標的、進場理由（基本面或技術面）、下單手數、停損點、停利點，甚至可以包含當時進場的截圖。例如圖1。

　　如果喜歡簡潔一點的，也可以化為純文字表單模式，如圖2。

　　最後筆者建議，大家可以選定一個周期來撰寫交易紀錄，例如長線交易者可以訂為一個月，短線交易者可以訂為一周，時間周期一到，就調出自己所有的交易紀錄，全盤檢視分析，與優缺點檢討。如能持之以恆做下去，總有一天，你會發現，「自己」將不再是交易中最大的敵人，而是最可靠的夥伴。

圖2 交易紀錄示範 2

操盤紀錄表

時間	手數	貨幣	多空	進場價	進場原因	停損價	停損理由	出場原因	賺賠	檢討
3月15日	1	AUD/USD	Buy	0.7830	多方滿分題	0.7760	本日日K最低價	碰停損	-700	
3月16日	0.8	GBP/USD	Sell	1.1255	碰MA被打下	1.1295		空方力道減弱	790	
3月18日	1	EUR/USD	Sell	1.2855	空方滿分題	1.2960				

資料來源：作者提供

Unit 50 找到屬於自己的勝利方程式

筆者曾看過一篇新聞報導，標題寫著：「台灣人愛投資，比例冠全球。」我被標題大為吸引，接著往下看，內文敘述：根據施羅德投信公布的「2017 全球投資人大調查」，全球投資人付完必要開支後，將可支配所得用來投資金融商品的比例，台灣名列世界第一，國人將可支配所得拿來投資的人數比率是 45 ％，是全球均值的 2 倍。

很難得看到台灣在投資這個領域，在全球有這麼好的排名。不過，看完這則新聞後，我喜憂參半。喜的是台灣人的投資觀念很好，知道在這個低利率、高通膨的時代，錢放在銀行只會越放越薄而已，一定要善加投資才能幫自己增加收入（當然，基本的存款還是一定要有的）。憂的是，就我所知，絕大部分台灣人投資是賠錢的。

投資市場贏家極少，且贏者全拿

筆者長年以來都在和投資人打交道，其中有市井小民、也有專業經理人；有剛出社會的小資族、經濟狀況良好的中產階級，也有資產破 10 億的大戶。光是任職證券公司的那段時間，我手上負責服務的客戶，前前後後就超過 500 人。

在這 500 多位投資人當中，長年投資下來，有幾個人的平均報酬率是正的呢？

答案恐怕會跌破大家眼鏡，人數少得令人絕望——只有 5 個人。

投資市場不是有 80 ／ 20 法則嗎？長期下來有 80％ 的人會賠錢，

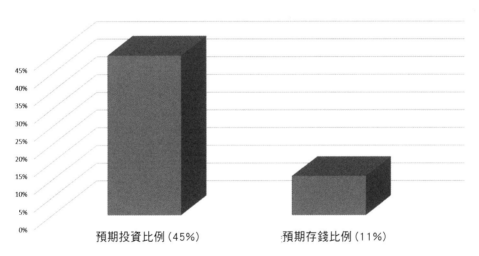

圖1 台灣民眾可支配所得預期運用用途比例

資料來源：施羅德投信

20％的人會賺錢才對吧？500多人之中，怎麼可能只有5個人是賺錢的？

但這就是事實，投資市場中，賺到錢的人，真的是少數。而且這樣的現象不僅只限我的客戶，包含我其他同事手上的客戶、甚至是其他同業手上的客戶，同樣也是輸者眾、贏者寡。

在這個看起來不問出身高低、人人皆可致富的投資市場中，不為人知的真相是：贏家很少，而且贏者全拿。

看到這種結果，可能有的讀者會想，既然投資那麼容易輸錢，那乾脆不要投資好了，但筆者認為這是因噎廢食。不投資固然不會輸錢，但也絕對不會賺錢，試問哪一個首富是只靠存錢存出來的？與其因為害怕賠錢而不投資，不如正面積極一些，想辦法向那些少數的贏家學習如何賺錢吧！

贏家只比一般人做對了兩件事

在筆者任職於交易室那段時間，就認識不少這種投資贏家，有每年能在台指期市場賺一輛進口車的當沖高手、有光靠外匯交易就年薪百萬的專職交易員，也有連續5年平均報酬率都超過30％的股票交易團隊。

相信有許多人都對這些高手十分好奇，想知道他們的技術分析用哪個流派？看盤時用哪些技術指標？基本面分析會關注那些數據？或猜想他們的操作方式是獨門技術，和市場上的一般投資人完全不同。

然而，直到我進入交易室，並且成了交易團隊的其中一員後，我才發現，這些常人眼中神祕的交易員使用的分析工具，和一般投資人

圖2 成為投資贏家的必經步驟

決定中心思想　　　練心　　　維持投資紀律

資料來源：聖杯團隊

所使用的，並無二致。他們之所以能夠在市場上賺錢，靠的絕對不是獨門的技術分析或是特別先進的投資工具，而是心態以及紀律。

▌關鍵 1 心態：先建立中心思想

許多投資大師常說：投資主要不是在練技，而是在練心。

相信有投資經驗的朋友，聽完這段話都會心有戚戚焉。確實，在投資的過程中，我們會遇到許多「心魔」的騷擾，像是「歐元已經連漲兩根紅棒，看起來似乎漲得差不多了，要不要先把場上多單收一波呢？不然少賺就可惜了！」又或是「英鎊感覺跌勢稍緩了，感覺應該有機會跌深反彈，手上賠錢的多單還是先別砍掉，再看看情況好了，說不定明天一覺睡醒就回來了！」這類「惡魔的呢喃」，總會在關鍵時刻出現在腦海中，讓我們更加舉棋不定。

股神價值投資術：好標的不輕易賣出

然而，練心聽起來十分有道理，但真要做起來，卻又讓人有點雲裡霧裡、不知該從何下手。究竟在投資中，該練的是什麼心呢？又該做些什麼事才能練心呢？

其實這些投資大師說的都沒錯，只是他們漏了前半段：練心之前，你得先有自己的「中心思想」。

「中心思想」指的是你想要賺什麼樣的錢？要怎麼做才能賺到？

舉個經典的例子吧，華倫·巴菲特，家喻戶曉的美國股神，他的中心思想就是「讓錢跟著有潛力、並且長期穩健成長的公司一起增

值」。故世人稱巴菲特的投資方式為「價值投資」。觀察股神的選股內容，多以富國銀行、卡夫食品、美國運通等大型傳產、金融股為主；而且買進以後就是長期持有，絕不輕易出售，哪怕市場空頭來臨，依舊如此，操作方式與他的中心思想完全吻合。

賺大波段的不敗法則：順勢交易

又如同我們團隊的中心思想是「貨幣市場每隔一段時間就會出現波段行情，因此我們採用順勢交易的方式來掌握波段，以期達成正期望值。」因此我們在盤勢不明確時，不做區間交易，也不輕易進場做單，並且嚴格控制風險。但在盤勢有望出現大行情時，必定會進場建立部位，盤勢若繼續奔馳，則順勢增加部位；盤勢若不如預期，則隨之降低部位。透過這樣的作法，通常可以在大行情出現時，取得相當豐碩的戰果。

練心，具體來說，就是要訓練自己的內心，讓自己在投資的過程中完全相信這個中心思想，並且對這個信仰做到貫徹始終。所以光想要練心，卻又沒有中心思想作為依據，自然如無根之木、無源之水一般，即使再認真練習，獲得的效果也極其有限。

▌關鍵 2 紀律：無論大小事都得遵守

2010 年，筆者剛進入交易室，其間發生了一件事情，讓我至今記憶猶新。當時適逢四年一度的世足賽開踢，而身為世足死忠粉絲的我，則是自 16 強產生後，場場跟著看好、看滿。記得就是在 8 強誕生後的某一天，交易室經理跟我們開了一個賭局（他也是個世足鐵粉），規則很簡單，每個人只能單押一隊，賭注 2,000 元，該隊奪冠則拿回獎

金 10,000 元。

不符合自己的期望，寧可不進場

　　當時在世足賽狂熱的感染力之下，幾乎整個交易室的人都參與了這個賭局，除了那位負責帶我的學長之外。下班之後，我好奇地問了學長，為什麼他不參加這個賭局呢？學長則是這樣回答：「其實我也很愛看足球，我看好西班牙奪冠，沒有下注的原因是，我認為這個賭局的期望值太低了。」聽完答案的當下，我哈哈乾笑了兩聲，心中暗想：「這麼熱血的賽事也要算期望值？學長你也太冷靜了吧。」

　　約兩周過後，賽事塵埃落定，那年的世界冠軍是由西班牙拿下，整個交易室只有一個人猜中了冠軍隊伍。沒錯，就是我的學長，但他也是唯一沒下注的那一個。下班之後，我抱著些許幸災樂禍的心態，偷偷詢問他：「學長，有沒有後悔當初沒有下注？」學長則是面帶微笑地回答：「心裡是覺得有點可惜，但我一點都不後悔。」「1 萬元就這樣擦身而過了耶，為什麼你不後悔？」我接著問「因為我只做正期望值的交易，無論是投資還是賭博，這是我交易上的紀律。」學長最後說。

抱持僥倖心態，是最大致命傷

　　「如果不能在小事上有紀律，那麼在大事上也不可能有紀律。」是這個故事給我最大的啟發。很多人在投資上無法嚴格遵守紀律，除了欠缺中心思想，導致操作亂無章法，另一個重要的原因就是，對自己的不當行為抱著僥倖心態。「只是一次凹單沒有關係吧？」「只是忘了設停損而已，等等忙完再處理吧！」諸如此類的念頭一旦產生，

後果嚴重的話，很有可能就會成為交易生涯中最後一次凹單，或是最後一次不設停損。

就我所知，幾乎所有的職業交易員都十分堅守紀律的。試想，他們若連最基本的交易紀律都無法遵守，還有機會在市場上勝過其它投資人嗎？

然而投資紀律應當如何養成呢？就如前面章節所述，只要遵守我們團隊與大家分享的交易SOP，同時把投資重點放在期望值而非機率，加上定期撰寫交易紀錄和定期檢討，日積月累之下，投資紀律的養成自然會水到渠成。

或許有人會覺得這些都是老生常談、了無新意，但在筆者多年的實戰交易經驗中，體會到投資贏家與一般投資人的差異，其實沒有想像中大，前者只是在很多細節上，做得更加完善而已。正如古人所言：「不積跬步，無以致千里；不積小流，無以成江海。」扎實踏出每一步，才有機會在投資的路上，走得更遠。

最後，祝福各位讀者都能透過本書，找到屬於自己的勝利方程式。

台灣廣廈 國際出版集團
Taiwan Mansion International Group

國家圖書館出版品預行編目（CIP）資料

100張圖學會外匯操作：「聖杯戰法」每年交易三次，
新手也可以年賺20%；從開戶到投資策略，全部搞定。
/廖承中、宋君臨、RICHIE
-- 初版. -- 新北市：臺灣廣廈，2019.06
　面；　公分. -- (through；19)
ISBN 978-986-979-832-7(平裝)
1.股票投資　2.投資技術　3.投資分析

563.23　　　　　　　　　　　　　　　　　　108010634

財經傳訊
TIME & MONEY

100張圖學會外匯操作：
「聖杯戰法」每年交易三次，新手也可以年賺20%；
從開戶到投資策略，全部搞定。

作　者／外匯聖杯團隊		編輯中心／第五編輯室	
廖承中、宋君臨、		編 輯 長／方宗廉	
RICHIE		封面設計／十六設計有限公司・**內頁排版**／林雅慧	
		製版・印刷・裝訂／東豪・弼聖・秉成	

行企研發中心總監／陳冠蒨　　　　線上學習中心總監／陳冠蒨
媒體公關組／陳柔彣　　　　　　　數位營運組／顏佑婷
綜合業務／何欣穎　　　　　　　　企製開發組／江季珊

發 行 人／江媛珍
法律顧問／第一國際法律事務所 余淑杏律師・北辰著作權事務所 蕭雄淋律師
出　　版／財經傳訊
發　　行／台灣廣廈
　　　　　地址：新北市235中和區中山路二段359巷7號2樓
　　　　　電話：（886）2-2225-5777・傳真：（886）2-2225-8052

全球總經銷／知遠文化事業有限公司
　　　　　地址：新北市222深坑區北深路三段155巷25號5樓
　　　　　電話：（886）2-2664-8800・傳真：（886）2-2664-8801
郵政劃撥／劃撥帳號：18836722
　　　　　劃撥戶名：知遠文化事業有限公司（※單次購書金額未達1000元，請另付70元郵資。）

■出版日期：2019年9月　　　　　■初版八刷：2023年5月
ISBN：978-986-979-832-7